KB233860

내가 먼저 시작하는

주니어 일본어 첫걸음

ILR 국제어학연구소

내가 먼저 시작하는

주니어 일본어 첫걸음

2016년 3월 20일 초판 1쇄 박음
2020년 5월 15일 초판 4쇄 펴냄

지은이 한정화
펴낸이 황희재
펴낸곳 (주)국제어학연구소 출판부

출판등록 2010년 1월 18일 등록 제302-2010-000006호
(140-846) 서울특별시 관악구 남현2길 65-9
Tel 02·704·0900 Fax 02·703·5117
홈페이지 www.bookcamp.co.kr

편집 문성원 · 유지현
표지 디자인 강윤선
편집 디자인 강윤선 · 성혜현
일러스트 유지환
마케팅 김봉선
제작 진경자
Management 황의권

ISBN 89-5911-050-7 13730
· 가격은 표지 뒷면에 표시되어 있습니다.

내가 먼저 시작하는
주니어 일본어 첫걸음

글 한정화 | 일러스트 유지환

국제어학연구소

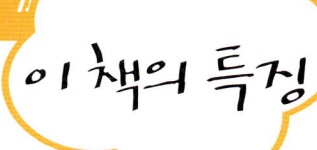

이 책은 이렇게 사용하세요.

이 책은 총 10과로 구성되어 있으며 학습하는 학생들에게 무리가 없도록 쉬운 표현으로 구성하였습니다. 또한 재미있는 퍼즐이나 수수께끼, 노래 등을 통해 일본어에 흥미를 가질 수 있도록 노력하였습니다.

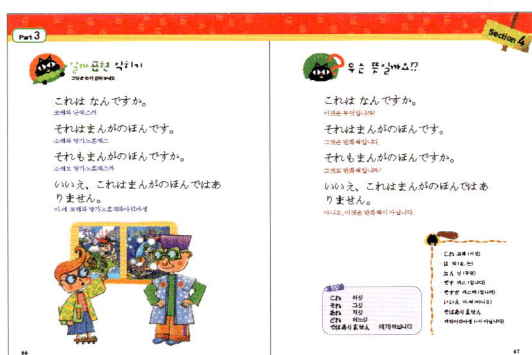

▶알짜표현 익히기

가장 기초적인 알짜표현만을 수록한 코너입니다. 될 수 있으면 한글 독음은 보지 말고 테이프를 들으면서 따라 해보세요.

스트리트 니홍고◀

앞에서 다룬 알짜표현을 통해 실제로 사용되어지는 회화를 다룬 코너입니다. 여러분도 주인공이 되어 연습해 보세요.

▶이렇게 읽어요

아직 일본글자조차 익숙하지 못한 여러분들을 위해 다섯 글자 한 행씩 히라가나를 연습해 보도록 하였습니다. 갈수록 한글독음 볼일은 줄어들겠죠!!

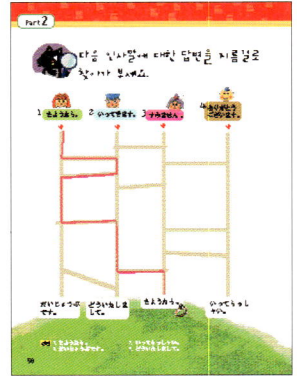

재미있는 퍼즐, 노래, 수수께끼◀

일본어를 학습으로만 여기다보면 이것마저도 하기 싫어지겠죠!? 우리 재미있게 퍼즐도 해보고 산토끼 노래도 불러보고 자꾸 잊어버리는 카따까나도 도레미 송으로 불러보아요.

패턴을 익혀요◀

이 과에 나오는 중요 표현을 반복연습을 통해 초토화시켜버리는 코너입니다. 자신 있게 큰소리로 연습해 보세요.

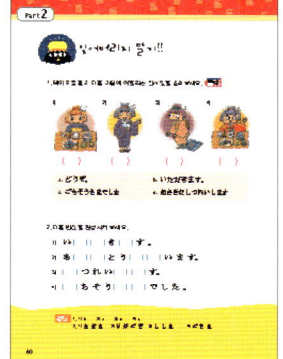

▶잊어버리지 말기!

공부한 내용을 정리할 수 있는 코너로 듣기문제도 함께 실었습니다.

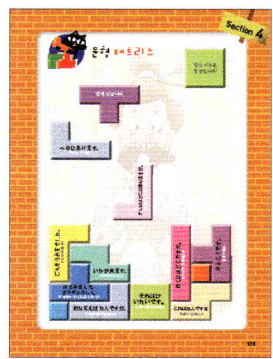

문형 테트리스▼

한과씩 내가 할 수 있는 일본어가 늘어가는 즐거움. 우리가 아니면 누가 알까요!! 직접 눈으로 확인해 보세요. 눈 크게 뜨고~~

▶CHANT! CHANT!

이 과의 주요 표현을 신나는 리듬에 맞춰 따라 해보세요. 귀에는 쏘옥, 입으로는 줄줄줄 …

생생 단어◀

왜 생생 단어냐고요!? 예, 냉장고에 붙여 두고 오며가며 외우면 좋다는 뜻인데요. 여러분은 어떻게 사용하실래요?

머리말

안녕하세요. 여러분!! 주니어 일본어의 세계로 들어오신 것을 진심으로 환영합니다. 어떻게 해서 여러분은 일본어를 공부할 생각을 갖게 되었나요!? 엄마의 강요, 아니면 쉬워 보였나요? 그도 아니면 영어로는 도저히 안돼서 일본어나 해볼까 하는 생각이었나요!? 아니면 좋아하는 일본 문화를 직접 느끼고자 하는 수준 높은 여러분도 있을 줄로 압니다.

이 책은 처음으로 일본어를 공부하고자 하는 여러분들을 위해 쓰여졌습니다. 주니어를 대상으로 하고 있지만 좀 더 일본어를 쉽고 부담 없이 해보고자 하는 분들께도 적합한 책입니다.

바쁜 시간에 제2 외국어를 준비하고자 하는 학생 여러분에게도 훌륭한 입문의 길잡이가 되어 주겠지요.

외국어 학습에 쉬운 길은 없겠지만 어떤 방법으로 하느냐에 따라 흥미를 가질 수도 혹은 잃을 수도 있습니다.

부디 이 책이 여러분께 좋은 친구가 될 수 있기를 바라며 세계를 향한 여러분의 첫걸음에 주니어 일본어가 함께 할 수 있음을 자랑스럽게 생각합니다.

아참! 여러분께 교재만 사준 부모님이 계신다면 졸라서 같이 시작해 보세요. 그러면서 부모님께 실력을 뽐내 봐도 좋을 듯합니다. 주니어 일본어를 손에 든 친구들!

아자 아자~~

차례

Section 1 일본은 이런 나라예요!

Section 2 발음에 친숙해지기

Section 3 일본어는 이런 거예요!

Section 4 　일본어! 시작해 볼까요

이것은 만화책입니다.

우리는 지구촌 한가족

5 화장실이 급해요.

6 내가 물건을 살 수 있을까!?

우리 가족은요!!

숫자에 강해지자!!

일본은 이런 나라예요!

1. 일본은?

　일본은 아주 오래 전부터 우리와는 뗄래야 뗄 수 없는 관계의 나라입니다. 그러나 세계가 하나로 연결되어 가고 있는 이 시점에서 무작정 과거에만 빠져 있을 수는 없겠죠!! 문화적 교류도 점점 활발히 이루어지고 있으니 우리도 얼른 따라가 봐야겠습니다.

　일본은 남북으로 3000km에 걸친 긴 섬나라입니다. 그래서 이 긴 지형적 특성과 해류의 영향으로 각 지역마다 기후에 큰 차이를 보입니다. 그러나 대부분은 해양성 온난기후이며 우리와 같이 사계절이 뚜렷하답니다. 또한 여름에는 후텁지근한 날씨가 지속되며 6월 중순에서 7월 중순에 걸쳐서는 장마도 있습니다.

　일본의 수도는 여러분도 잘 알고 있는 동경(도쿄)이며, 면적은 우리의 1.7배에 달합니다.

　아직도 황실이 존재하는 나라, 그래서 수상을 중심으로 의원내각제가 이루어지고 있지요.

2. 일본의 문화

　일본은 우리가 배우고 있는 일본어를 국어로 사용하고 있으며 신토라는 종교가 널리 자리잡고 있답니다. 여러분도 신사참배라는 말 들어보신 적 있죠!!
　정월이 되면 일본인들은 신사에 가서 하츠모우데(첫참배)를 하고 올해의 안녕과 소원을 빌곤 한답니다. 이 신토는 조상 숭배를 도태로 한 토착신앙이라고 할 수 있어요.
　일본인들은 또 기모노라는 전통의상을 입는데 등에 오비라는 것을 맵니다. 가격 또한 비싸서 일본인들도 한번 장만하려면 큰 맘 먹어야 된대요!!

3. 허걱!! 일본에도 학원이…

일본 역시 자녀를 적게 가지면서 아이들에 대한 관심과 교육 욕구는 점점 커져 가고 있습니다. 거기에 장기 불황까지 겹치면서 아이를 특별하게 키우지 않으면 살아남을 수 없으리란 불안감마저 이러한 현상을 부채질하고 있는 거죠. 아직 아무 것도 모르고 한창 뛰어 놀아야 할 초등학생들조차 중학교 입시를 위해 과외(塾(じゅく))다 학원이다 쫓겨다니는 걸 보노라면 안타까운 마음이 앞섭니다. 사교육 비용 또한 만만치 않아 양가부모에게 손주들의 교육비를 의지하는 이들조차 생겨나고 있다고 합니다. 본인들의 수입만으로는 도저히 감당이 안돼서겠죠. 대학부설 초·중·고 아니 유치원은 자리가 없어서 못 들어갈 정도이고, 그 비싼 사립학교 등록금도 마다하지 않는 듯합니다. 아니 이들 유치원 초·중·고를 나오면 해당 대학의 특별전형이 주어진다니 경쟁이 대단하겠죠.

아무튼 우리처럼 사회에서 좋은 직장을 얻기 위해 교육적으로 엄청난 투자가 이루어지고 있는 셈입니다. 이 나라 어린이나 한국의 어린이 모두 치열한 경쟁 속에 스트레스를 받고 있는 실정이죠!!

4. 된장찌개 대 미소시루

여러분들!! 여러분들은 엄마께서 해주시는 된장찌개를 맛있게 잘 먹고 있나요? 혹시 반찬 투정을 해서 엄마를 속상하게 해드린 일은 없나요!? 일본인들도 우리와 마찬가지로 된장국을 즐겨 먹는답니다. 물론 차이는 조금 있습니다만… 일본 된장은 미소라고 하며 미역이나 두부 등을 넣어 끓여 먹습니다. 된장을 즐기는 두 민족 다 건강하게 살 수 있겠죠!!

두 민족의 식사 습관에도 차이가 있는데요. 우리는 밥그릇, 국그릇을 내려놓고 먹는 데 비해 일본인들은 손에 들고 먹는답니다. TV에서 본 적 있으시죠!? 그래서 그릇도 들기 쉬운 가벼운 재질로만 만들어진다나요.

또 후루룩~후루룩~ 국물을 소리내서 먹어도 전혀 흉이 되지 않는대요.

5. 3LDK가 뭔지 아니!?

무슨 암호글 같다구요!!
다름이 아니라 일본의 집구조를 나타낼 때 쓰이는 약속어예요.
맨 앞의 숫자는 방의 개수를 나타낸답니다.
L은 마루를 의미하는 이니셜이구요. D는 식탁이 있는 부엌, K는 부엌의 의미입니다.

자! 한번 해석해 볼까요!?

2LDK	방 2개에 마루, 식탁을 놓을 공간이 있는 넓은 부엌
3LDK	방 3개에 마루, 식탁을 놓을 공간이 있는 넓은 부엌

이제 일본에서 집을 고를 때 허둥대진 않겠죠!!

6. 온천에서 스키까지~

자연의 혜택으로 일본에서 온천에서 스키까지 각종 여행 상품을 즐길 수가 있답니다. 사람들로 붐비지 않는 하얀 설원에서 즐기는 스키, 거기다 빙질도 우수하니 여러분도 가보고 싶지 않으세요!!

온 천　일본은 열도 자체가 화산대에 속해 있어 온천이 발달하였답니다. 그 숫자도 어마어마해서 대표적인 관광지로 자리매김하였는데 벳푸 온천, 이부스키 온천, 도고온천 등이 유명합니다.

스 키 장　지형의 영향으로 눈이 많이 내리는 곳이 있습니다. 눈의 품질도 좋아 스키어들의 사랑을 많이 받곤 하죠. 동계올림픽이 열렸던 나가노, 여러분도 다 아시죠!!

7. 존경할 수밖에 없는 선생님!! 우리 선생님!!

　　일본어로 선생님은 「せんせい」라고 합니다. 그런데 우리와 다른 점은 우리는 대충 아무한테나 선생님이란 호칭을 붙이곤 하는데 비해 일본에서는 정말 존경을 받을만한 사람, 그러니까 진짜 선생님 소리를 들어도 될 만한 사람에게만 쓴답니다.

　　그런데 이상한 점이 있습니다. 선생님인데 왜 님자가 안 붙는 걸까요? 이 「せんせい」는 그 자체가 존경의 의미를 가지고 있어 따로 존칭을 덧붙이지 않아도 된답니다.

8. 나도 일본에 가고 싶어요!!

하우스텐보스　나가사키 북쪽에 있는 「숲 속의 집」이란 뜻의 네덜란드식 대규모 레저타운.

동대사　나라에 있는 일본 최대의 목조 건축물이에요.

신칸선　일본의 초고속 열차로, 빠른 속력과 안전함을 자랑합니다.

동경타워　1958년 TV와 무선통신 중계탑으로 건축된 방송탑입니다. 높이 333m, 파리의 에펠탑을 모방했다고 합니다. 도쿄의 상징이며 최고 높이를 자랑하며, 전망대 외에 수족관, 인형의 집, 과학관 등의 시설도 있습니다.

아키하바라　일본 최고의 전기용품점들이 밀집된 거리로 가격 면에서나 구색 면에서 어디에 내 놓아도 손색이 없습니다

동경디즈니랜드　1983년 미국의 디즈니랜드를 본떠 만든 곳이랍니다. 규모는 미국보다 작지만 그 인기는 남녀노소에게 인기짱!!

9. 일본문자는 어떻게 생겼을까!?

현재 일본에서 사용되고 있는 문자는 ひらがな, カタカナ, 한자 등의 세 종류가 있습니다.

ひらがな 옛날 귀족 여성들이 한자를 약자화해 쉽게 만든 것이지만, 지금은 일본문자의 대표가 되었습니다.

カタカナ 승려들이 고안한 것으로 한자의 일부분을 따서 만든 글자입니다. 외래어, 의성·의태어, 인명, 지명, 동·식물명 등의 표기에 쓰입니다.

한자 우리의 것과는 조금 다른 신자체를 쓰고 있는데, 이는 나름대로 쉽게 쓰려는 노력이 보여집니다. 현재 1945자를 상용한자로 채택하고 있습니다.

あかさたなはまやらわんいしにみりうつぬふむゆえせてへめおことのほろをノ　モ

アカタナハマヤラワンイキシチニヒミリウ　クツムユルケテネヘメレオコソロヲ

Section 2

발음에
친숙해지기

1. 50음도 | 히라가나

	あ 행	か 행	さ 행	た 행	な 행
あ 단	あ 아[a] 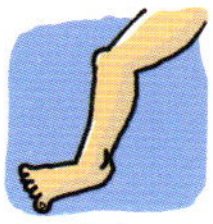 あし 발, 다리	か 카[ka] 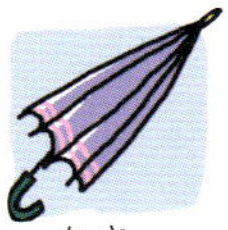 かさ 우산	さ 사[sa] 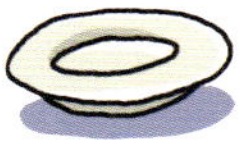 さら 접시	た 타[ta]  たまご 알	な 나[na]  なつ 여름
い 단	い 이[i] 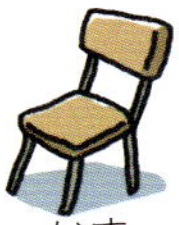 いす 의자	き 키[ki]  き 나무	し 시[si]  しんぶん 신문	ち 치[chi]  ちち 아빠	に 니[ni]  にく 고기
う 단	う 우[u]  うで 팔	く 쿠[ku]  くつ 구두	す 스[su] 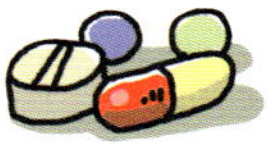 くすり 약	つ 츠[tsu]  つくえ 책상	ぬ 누[nu]  いぬ 개
え 단	え 에[e]  えび 새우	け 케[ke]  けしゴム 지우개	せ 세[se]  せんせい 선생님	て 테[te] 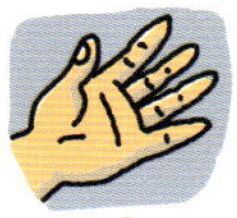 て 손	ね 네[ne]  ねこ 고양이
お 단	お 오[o]  おちゃ 차(녹차)	こ 코[ko]  こむぎ 밀	そ 소[so]  そつぎょう 졸업	と 토[to]  とら 호랑이	の 노[no] 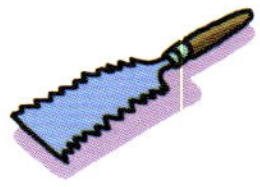 のこ 톱

は 행	ま 행	や 행	ら 행	わ 행	ん 행
は 하[ha]	ま 마[ma]	や 야[ya]	ら 라[ra]	わ 와[wa]	ん 응[ŋ]
はな 꽃	まど 창	やま 산	からす 까마귀	わらい 웃음	でんわ 전화
ひ 히[hi]	み 미[mi]		り 리[ri]		
ひ 불	みみ 귀		りす 다람쥐		
ふ 후[hu]	む 무[mu]	ゆ 유[yu]	る 루[ru]		
ふゆ 겨울	むすこ 아들	ゆび 손가락	くるま 자동차		
へ 헤[he]	め 메[me]		れ 레[re]		
へや 방	め 눈		れいぞうこ 냉장고		
ほ 호[ho]	も 모[mo]	よ 요[yo]	ろ 로[ro]	を 오[wo]	
ほん 책	もも 복숭아	よる 밤	せびろ 신사복	조사	

25

50음도 | 카따까나

	ア행	**カ**행	**サ**행	**タ**행	**ナ**행
ア단	**ア** 아[a]  アイロン 다리미	**カ** 카[ka]  カクテル 칵테일	**サ** 사[sa]  サッカー 축구	**タ** 타[ta]  ダイビング 다이빙	**ナ** 나[na]  ナース 간호사
イ단	**イ** 이[i]  インク 잉크	**キ** 키[ki]  キリン 기린	**シ** 시[si]  システム 시스템	**チ** 치[chi]  チェーン 체인	**ニ** 니[ni]  テニス 테니스
ウ단	**ウ** 우[u]  ウイスキー 위스키	**ク** 쿠[ku]  クッション 쿠션	**ス** 스[su]  スピーカー 스피커	**ツ** 츠[tsu]  ツーピース 투피스	**ヌ** 누[nu] 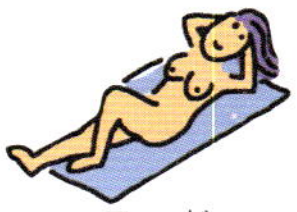 ヌード 누드
エ단	**エ** 에[e]  エアコン 에어컨	**ケ** 케[ke]  ケーキ 케이크	**セ** 세[se]  セーター 스웨터	**テ** 테[te]  テレビ 텔레비전	**ネ** 네[ne]  ネクタイ 넥타이
オ단	**オ** 오[o]  オレンジ 오렌지	**コ** 코[ko]  コンピューター 컴퓨터	**ソ** 소[so]  ソファー 쇼파	**ト** 토[to]  トースター 토스터	**ノ** 노[no]  ノート 노트

ハ행	マ행	ヤ행	ラ행	ワ행	ン행
ハ 하[ha]	マ 마[ma]	ヤ 야[ya]	ラ 라[ra]	ワ 와[wa]	ン 응[ŋ]
ハム 햄	マイク 마이크	ヤング 어린, 젊은	ライター 라이터	ワイン 와인	レーンコート 레인코트
ヒ 히[hi]	ミ 미[mi]		リ 리[ri]		
ハイヒール 하이힐	ミルク 우유		リボン 리본		
フ 후[hu]	ム 무[mu]	ユ 유[yu]	ル 루[ru]		
フライパン 프라이팬	けしゴム 지우개	ユーターン 유턴	ルーム 룸, 방		
ヘ 헤[he]	メ 메[me]		レ 레[re]		
ヘアバンド 헤어밴드	メロン 멜론		レモン 레몬		
ホ 호[ho]	モ 모[mo]	ヨ 요[yo]	ロ 로[ro]	ヲ 오[wo]	
ホット 뜨거움	コスモス 코스모스	ヨット 요트	ロボット 로봇	조사	

27

2. 일본어 발음

청음 앞에서 본 50음도의 글자처럼 글자 옆에 「ﾞ」나 「ﾟ」 표시가 없는 깨끗한 글자를 말합니다.

히라가나	あ단	い단	う단	え단	お단
あ행	あ [a]	い [i]	う [u]	え [e]	お [o]
か행	か [ka]	き [ki]	く [ku]	け [ke]	こ [ko]
さ행	さ [sa]	し [si]	す [su]	せ [se]	そ [so]
た행	た [ta]	ち [chi]	つ [tsu]	て [te]	と [to]
な행	な [na]	に [ni]	ぬ [nu]	ね [ne]	の [no]
は행	は [ha]	ひ [hi]	ふ [hu]	へ [he]	ほ [ho]
ま행	ま [ma]	み [mi]	む [mu]	め [me]	も [mo]
や행	や [ya]		ゆ [yu]		よ [yo]
ら행	ら [ra]	り [ri]	る [ru]	れ [re]	ろ [ro]
わ행	わ [wa]				を [wo]
ん행	ん [ŋ]				

카따까나	ア단	イ단	ウ단	エ단	オ단
ア행	ア [a]	イ [i]	ウ [u]	エ [e]	オ [o]
カ행	カ [ka]	キ [ki]	ク [ku]	ケ [ke]	コ [ko]
サ행	サ [sa]	シ [si]	ス [su]	セ [se]	ソ [so]
タ행	タ [ta]	チ [chi]	ツ [tsu]	テ [te]	ト [to]
ナ행	ナ [na]	ニ [ni]	ヌ [nu]	ネ [ne]	ノ [no]
ハ행	ハ [ha]	ヒ [hi]	フ [hu]	ヘ [he]	ホ [ho]
マ행	マ [ma]	ミ [mi]	ム [mu]	メ [me]	モ [mo]
ヤ행	ヤ [ya]		ユ [yu]		ヨ [yo]
ラ행	ラ [ra]	リ [ri]	ル [ru]	レ [re]	ロ [ro]
ワ행	ワ [wa]				ヲ [wo]
ン행	ン [ŋ]				

일본어 발음

탁음 글자(가나) 옆에 「 ゛」표시가 붙은 글자로 말 그대로 성대를 울려 탁하게 발음 합니다.

● 앞에 '으'를 넣어 연습해 보세요.

으가 으가 **"가"**
으기 으기 **"기"**

히라가나					카타카나					한글음				
が ga	ぎ gi	ぐ gu	げ ge	ご go	ガ ga	ギ gi	グ gu	ゲ ge	ゴ go	가	기	구	게	고
ざ za	じ zi	ず zu	ぜ ze	ぞ zo	ザ za	ジ zi	ズ zu	ゼ ze	ゾ zo	자	지	즈	제	조
だ da	ぢ zi	づ zu	で de	ど do	ダ da	ヂ zi	ヅ zu	デ de	ド do	다	지	즈	데	도
ば ba	び bi	ぶ bu	べ be	ぼ bo	バ ba	ビ bi	ブ bu	ベ be	ボ bo	바	비	부	베	보

예문

- **かぎ** 카기 (열쇠)
- **がいこく** 가이꼬꾸 (외국)
- **たび** 타비 (여행)

반탁음

글자에 「˚」표시가 붙은 글자로, 「は」행에 붙습니다. 「ㅍ」과 「ㅃ」의 중간 소리가 납니다.

히라가나	카타카나	한글음
ぱ ぴ ぷ ぺ ぽ	パ ピ プ ペ ポ	파 피 푸 페 포
pa pi pu pe po	pa pi pu pe po	

예문

- ぴかぴか   피까삐까(번쩍번쩍)

- パン   팡 (빵)

- ピアノ   피아노 (피아노)

일본어 발음

요음 「き・し・ち・に・ひ・み・り」옆에 「や・ゆ・よ」를 작게 써서 한 음절로 발음합니다.

히라가나	가따까나	한글음
きゃ きゅ きょ	キャ キュ キョ	캬 큐 쿄
しゃ しゅ しょ	シャ シュ ショ	샤 슈 쇼
ちゃ ちゅ ちょ	チャ チュ チョ	챠 츄 쵸
にゃ にゅ にょ	ニャ ニュ ニョ	냐 뉴 뇨
ひゃ ひゅ ひょ	ヒャ ヒュ ヒョ	햐 휴 효
みゃ みゅ みょ	ミャ ミュ ミョ	먀 뮤 묘
りゃ りゅ りょ	リャ リュ リョ	랴 류 료
ぎゃ ぎゅ ぎょ	ギャ ギュ ギョ	갸 규 교
じゃ じゅ じょ	ジャ ジュ ジョ	쟈 쥬 죠
びゃ びゅ びょ	ビャ ビュ ビョ	뱌 뷰 뵤
ぴゃ ぴゅ ぴょ	ピャ ピュ ピョ	퍄 퓨 표

예문
- きしゃ 키샤 (기차)
- ちゅうい 츄이 (주의)
- びょういん 뵤-잉 (병원)
- しゃしん 샤싱 (사진)
- ぎゅうにゅう 규-뉴- (우유)
- りょこう 료꼬- (여행)

촉음 글자와 글자 사이에 작은 「っ」로 표시하며, 우리말의 받침과 같은 구실을 합니다.

「っ」+か행 ➡ ㄱ

「っ」+さ행 ➡ ㅅ

「っ」+た행 ➡ ㄷ

「っ」+ぱ행 ➡ ㅂ

- **がっこう** 각꼬- (학교)
- **きって** 킨테 (우표)
- **けっしょう** 켓쇼- (결승)
- **いっぱい** 입빠이 (가득)

장음 「あ・い・う・え」단의 경우는 「あ・い・う・え」를 써서, 「お」단의 경우에는 「お」나 「う」를 써서 길게 발음해 줍니다.

- あ 단 뒤에 あ가 오는 경우 ➡ **おかあさん** 어머니
  오까-상
- い 단 뒤에 い가 오는 경우 ➡ **おにいさん** 형, 오빠
  오니-상
- う 단 뒤에 う가 오는 경우 ➡ **ゆうびん** 우편
  유-빙
- え 단 뒤에 え나 い가 오는 경우 ➡ **せんせい** 선생님
  센-세-
- お 단 뒤에 お나 う가 오는 경우 ➡ **おとうさん** 아버지
  오또-상

일본어 발음

발음 「ん」발음이 다른 음의 영향을 받아 「ㄴ, ㅁ, ㅇ」 등으로 들리는 현상을 말합니다.

「か・が」행, ん으로 끝날 때 ➡ ㅇ

「さ・ざ・た・だ・な・ら」행으로 끝날 때 ➡ ㄴ

「ま・ば・ぱ」행으로 끝날 때 ➡ ㅁ

「あ・や・わ・は」행으로 끝날 때 ➡ ㄴ과 ㅇ의 중간음

• べんきょう 벵꾜-(공부) • せんたく 센따꾸(세탁)

• しんぶん 심붕(신문) • でんわ 뎅와(전화)

주의해서 발음해야 할 조사

「は」 ➡ 「わ」로 발음   「へ」 ➡ 「え」로 발음

「を」 ➡ 「お」로 발음

• これは→「코레와」 • どちらへ →「도치라에」

• それを→「소레오」

묵음 말 그대로 글자는 있되 발음이 되지 않는 소리입니다. 주로 「か」행 뒤에 「さ」행이 올 경우에 생깁니다.

● がくせい [가쿠세-] → [각세-] u모음이 발음되지 않습니다.

Section 3

일본어는
이런 거예요!

일본어는 이런 거예요!

1. 우리들이 알고 있는 일본어는 얼마나 될까요⁉

의외로 생활 속에서 사용하고 있는 일본어가 많답니다. 한번 살펴볼까요⁉

한국말	실제 일본어		뜻
요지	ようじ	요-지	이쑤시개
와리바시	わりばし	와리바시	나무젓가락
닷꽝	たくあん	타꾸앙	단무지
야끼만두	やきまんじゅう	야끼만쥬-	군만두
와사비	わさび	와사비	고추냉이
오뎅	おでん	오뎅	어묵
소라색	そら	소라	하늘색
에리	えり	에리	옷깃
소데나시	そでなし	소데나시	민 소매
기스	きず	키즈	상처, 흠

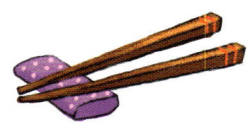

2. 한문은 하나도 모르는 데 어떻게 배우지!?

일본에서 쓰이는 한자는 우리가 아는 정자가 아닌 복잡함을 줄인 신자체입니다. 어찌 보면 더 쉬운 것 같긴 하지만 아직 익숙지 않은 여러분께는 조금 무리겠지요. 천천히 익혀 보세요. 공부하다보면 우리의 정자체도 쉽게 읽을 수 있게끔 만들어 줄 것입니다.

国 (국) → 國   仏 (불) → 佛
応 (응) → 應   会 (회) → 會
声 (성) → 聲   画 (화) → 畫
万 (만) → 萬

苦盡甘來

3. 일본어 입맛 다시기

기본적인 인사표현을 배워볼 거예요. 내가 먼저 인사를 건넬 수 있다면 대화의 우선권은 이미 내꺼 아니겠어요!? 주저하지 말고 먼저 말해 보세요. 자! 그럼 준비됐나요??

1) 기본 인사말을 배워 보세요.

おはよう。
오하요-

おはよう。
오하요-

일본어는 영어와 마찬가지로 아침, 낮, 저녁에 따른 인사말이 다르답니다. 위의 おはよう。는 아침에 하는 인사말이니까 잘 알아두세요.

낮 こんにちは。
콘니찌와

저녁 こんばんは。
콤반와

さようなら。
사요-나라

さようなら。
사요-나라

おはよう。
안녕!

おはよう。
안녕!

さようなら。
안녕히 계세요.

さようなら。
안녕히 계세요.

2) 고마울 때와 미안할 때는 이렇게 말해요!!

ありがとうございます。
아리가또-고자이마스

どういたしまして。
도-이따시마시떼

すみません。
스미마셍

だいじょうぶです。
다이죠-부데스

ありがとうございます。
고맙습니다.

どういたしまして。
천만에요.

すみません。
미안합니다.

だいじょうぶです。
괜찮습니다.

일본어는 이런 거예요!

3) 엄마랑 인사를!!

いってきます。
잇떼기마스

いってらっしゃい。
잇떼랏샤이

ただいま。
타다이마

おかえりなさい。
오까에리나사이

いってきます。
다녀오겠습니다.

いってらっしゃい。
다녀오세요.

ただいま。
다녀왔습니다.

おかえりなさい。
어서 오세요.

일본어는 이런 거예요!

4) 안부를 물어 보세요.

おげんきですか。
오겡끼데스까

はい、げんきです。
하이 겡끼데스

おげんきですか。
오겡끼데스까

はい、おかげさまで。
하이 오까게사마데

44

おげんきですか。

건강하십니까?

はい、げんきです。

예, 건강합니다.

おげんきですか。

건강하십니까?

はい、おかげさまで。

예, 덕분에.

일본어 탁음은 정확히 발음하지 않으면 안돼요!!

앞에서 일본어 탁음에 관해 공부하였지요. 단순하지만 잘못 발음하면 이상한 결과가 나올 수도 있는 데 한 번 살펴볼까요!?

かん こく		
韓国	캉코꾸	한국
かん ごく		
監獄	캉고꾸	감옥

 질문을 하나 받았다고 가정해 볼게요.

동수 씨는 어디에 있습니까?

ドンスさんはどこにいますか。

동스산와도꼬니이마스까

かんこく
➜ 韓国にいます。 한국에 있습니다.

캉꼬꾸니이마스

かんごく
➜ 監獄にいます。 감옥에 있습니다.

캉고꾸니이마스

어때요! 여러분 단어 하나 잘못 발음한 결과가 엄청나지요!?
동수 씨를 감옥으로 보내버렸네요.
탁음 발음은 정확히 발음해야겠습니다.

자! 그럼 다시 으가~으가 ~ 가…

Section 4

일본어!
시작해 볼까요!!

1

내 이름은 김동수입니다.

이제 본격적인 일본어 수업이 시작되었네요. 자~자~ 긴장하지 마시고 그럼 출발해 볼까요!?
이번 과에서는 내 소개를 해볼 거예요. 아직 간단한 인사말밖에 할줄 모르니까 간단한 문형부터
알아둬야겠네요. 「~는 ~입니다.」 라는 표현은 일본어로 「~は ~です。」에요. 이것을 기본으로
이번 과 시작할께요.

이것만은 꼭 알고 가기

~は ~です。 ~는 ~입니다.

알짜표현 익히기

그대로 따라 읽어보세요.

わたしは キムドンスです。
와따시와 키무동스데스

わたしは かんこくじんです。
와따시와 캉꼬꾸진데스

わたしは はなこです。
와따시와 하나꼬데스

わたしは にほんじんです。
와따시와 니혼진데스

무슨 뜻일까요!?

わたしは キムドンスです。
나는 김동수입니다.

わたしは かんこくじんです。
나는 한국인입니다.

わたしは はなこです。
나는 하나코입니다.

わたしは にほんじんです。
나는 일본인입니다.

- わたし 와따시 (나, 저)
- です 데스 (~입니다)
- にほんじん 니혼징 (일본인)
- は 와 (은, 는)
- かんこくじん 캉꼬꾸징 (한국인)

스트리트 니홍고

DIALOGUE 1 / 첫인사

はじめまして。
하지메마시떼

はじめまして。どうぞよろしく。
하지메마시떼   도-조요로시꾸

おなまえは なんですか。
오나마에와 난데스까

わたしは キムミエです。
와따시와 키무미에데스

처음 뵙겠습니다.
처음 뵙겠습니다. 잘 부탁합니다.

성함은 무엇입니까?
나는 김미애입니다.

- **はじめ** 하지메 (처음)
- **どうぞ** 도-조 (부디, 제발)
- **なまえ** 나마에 (이름, 성함)
- **なんですか**
  난데스까 (무엇입니까?)

DIALOGUE 2 / 통성명

わたしは キムドンスです。
와따시와 김동수데스

どうぞよろしく。
도-조요로시꾸

どういたしまして。
도-이따시마시떼

こちらこそ どうぞよろしく。
코찌라꼬소 도-조요로시꾸

나는 김동수입니다.
잘 부탁합니다.

천만에요.
저야말로 잘 부탁합니다.

· どういたしまして
  도-이따시마시떼(천만에요)
· こちらこそ
  코찌라꼬소
  (이쪽이야말로, 저야말로)

tip

わたし	나
あなた	너
です	입니다
ですか	입니까

이렇게 읽어요.

あ행
우리말의 「아·이·우·에·오」로 발음하면 됩니다.

あ	あ [a] 아
い	い [i] 이
う	う [u] 우
え	え [e] 에
お	お [o] 오

 한번 써 보세요.

あ	あ	あ	あ	あ	あ	あ
い	い	い	い	い	い	い
う	う	う	う	う	う	う
え	え	え	え	え	え	え
お	お	お	お	お	お	お

あ행의 글자를 찾아보아요.

다음 표에서 あ 행의 글자를 찾아 동그라미하세요.

か	し	た	み	ほ	(あ)	み	み	お
し	し	は	お	だ	い	よ	あ	ば
う	な	が	ら	た	う	な	は	え
お	び	ち	だ	え	あ	や	り	に
お	す	む	お	え	も	ず	ほ	ほ
き	つ	お	に	を	ざ	そ	よ	ど
と	ご	に	み	ぴ	ざ	で	あ	う

정답 おおいあううえおえあおおえおあう

패턴을 익혀요. | 자기 소개

わたしは ～ です。　나는 ~입니다.

わたしは キムドンス です。
와따시와 키무동스데스
나는 김동수입니다.

わたしは イミンウ です。
와따시와 이밍우데스
나는 이민우입니다.

わたしは キムスジ です。
와따시와 키무스지데스
나는 김수지입니다.

わたしは やまだ です。
와따시와 야마다데스
나는 야마다입니다.

わたしは すずき です。
와따시와 스즈끼데스
나는 스즈키입니다.

わたしは たなか です。
와따시와 타나까데스
나는 타나까입니다.

わたしは スミス です。
와따시와 스미스데스
나는 스미스입니다.

わたしは かんこくじん です。
와따시와 캉꼬꾸징데스
나는 한국인입니다.

わたしは にほんじん です。
와따시와 니혼징데스
나는 일본인입니다.

わたしは アメリカじん です。
와따시와 아메리까징데스
나는 미국인입니다.

잊어버리지 말기!!

1. 테이프를 듣고 다음 단어를 완성해 보세요.

1) あ( )　　2) お( )　　3) ( )え　　4) ( )え

2. 다음 대화를 듣고 대화문을 완성해 보세요.

> A : はじめまして。　　　　　　　처음 뵙겠습니다.
>
> 　　わたしはやまだです。　　　저는 야마다입니다.
>
> 　　_____。　　잘 부탁합니다.
>
> B : わたしはキム ドンスです。　저는 김동수입니다.
>
> 　　_____どうぞよろしく。　저야말로 잘 부탁합니다.

정답 1. 1) い　2) い　3) う　4) い
2. A : どうぞよろしく
　 B : こちらこそ

문형 테토리스

성함은 무엇입니까.

처음 뵙겠습니다.
잘 부탁합니다.

はじめまして。
どうぞよろしく。
하지메마시떼 도-조요로시꾸

おなまえは なんですか。
오나마에와 난데스까

CHANT! CHANT!

はじめまして。 はじめまして。
どうぞよろしく。 どうぞよろしく。

おなまえは なんですか。
おなまえは なんですか。
わたしは キムドンスです。
わたしは キムドンスです。

처음 뵙겠습니다.
잘 부탁합니다.
성함은 무엇입니까?
나는 김동수입니다.

한자를 익혀요!

何(어찌 하)　　何(なん)무엇　　名 (이름 명)

前(앞 전)　　名前(なまえ)
이름

생생단어 | 우리가족

나의 가족을 말할 때   남의 가족을 말할 때

할아버지
そふ / おじいさん
[소후 오지-상]

할머니
そぼ / おばあさん
[소보 오바-상]

아버지
ちち / おとうさん
[치찌 오또-상]

누나, 언니
あね / おねえさん
[아네 오네-상]

형, 오빠
あに / おにいさん
[아니 오니-상]

여동생
いもうと / いもうとさん
[이모-또 이모-또상]

어머니
はは / おかあさん
[하하 오까-상]

남동생
おとうと / おとうとさん
[오또-또 오또-또상]

2 잘 먹겠습니다.

이번 과에서도 자주 쓰이는 인사말에 관해 공부해 볼께요. 다름 아닌 식사할 때 쓰는 말인데요.
뭐 그냥 먹으면 됐지 그러냐고요!? 아이 그래도 그런게 아니랍니다. 이왕이면 맛있게 먹으라는
말을 건네면 얼마나 좋아하겠어요!! 아~그러고 보니 배도 좀 고픈 것 같지 않으세요!?

이것만은 꼭 알고 가기

いただきます。 잘 먹겠습니다.

알짜표현 익히기

그대로 따라 읽어보세요.

いただきます。
이따다끼마스

はい。
하이

ごちそうさまでした。
곳소사마데시따

ありがとうございます。
아리가또-고자이마스

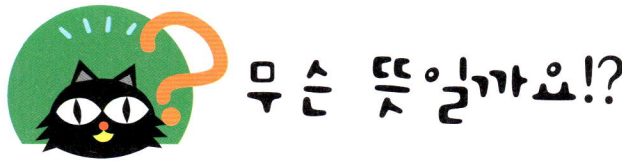

무슨 뜻일까요!?

いただきます。
잘 먹겠습니다.

はい。
예.

ごちそうさまでした。
잘 먹었습니다.

ありがとうございます。
감사합니다.

- いただく
  이따다꾸
  (먹다, 마시다의 겸손한 말)
- ごちそうさま
  곳소사마 (식사를 끝냈을 때나
  대접을 받았을 때 쓰는 인사말)

tip

いただきます　잘 먹겠습니다.
ごちそうさまでした　잘 먹었습니다.
しつれいします　실례합니다.

스트리트 니홍고

DIALOGUE 1 / 방문

どうぞ。
도-조

しつれいします。
시쯔레-시마스

すみません。
스미마셍

おさきにしつれいします。
오사끼니 시쯔레-시마스

들어오세요.
실례하겠습니다.

미안합니다.
먼저 실례하겠습니다.

- どうぞ 도-조 (부디, 제발)
- しつれい 시쯔레- (실례)
- すみません 스미마셍
  (미안합니다, 실례합니다)
- おさきに
  오사끼니 (먼저)

DIALOGUE 2 / 양해

どうぞ。

도-조

おさきにしつれいします。

오사끼니 시쯔레-시마스

しつれいしました。

시쯔레-시마시따

いいえ、どういたしまして。

이-에 도-이따시마시떼

저, 먼저 가세요.
먼저 실례하겠습니다.

실례했습니다.
아니오, 천만에요.

- しました
  시마시따(했습니다)
- どういたしまして
  도-이따시마시떼
  (천만-에요)

이렇게 읽어요.

か행

우리말의 「카·키·쿠·케·코」로 발음하면 됩니다.
단, 단어 중간에서부터는 ㄲ에 가깝게 발음하세요. (예: きく 키꾸)

か か [ka] 카

き き [ki] 키

く く [ku] 쿠

け け [ke] 케

こ こ [ko] 코

 한번 써 보세요.

か	か	か	か	か	か	か
き	き	き	き	き	き	き
く	く	く	く	く	く	く
け	け	け	け	け	け	け
こ	こ	こ	こ	こ	こ	こ

 다음 인사말에 대한 답변을 지름길로 찾아가 보세요.

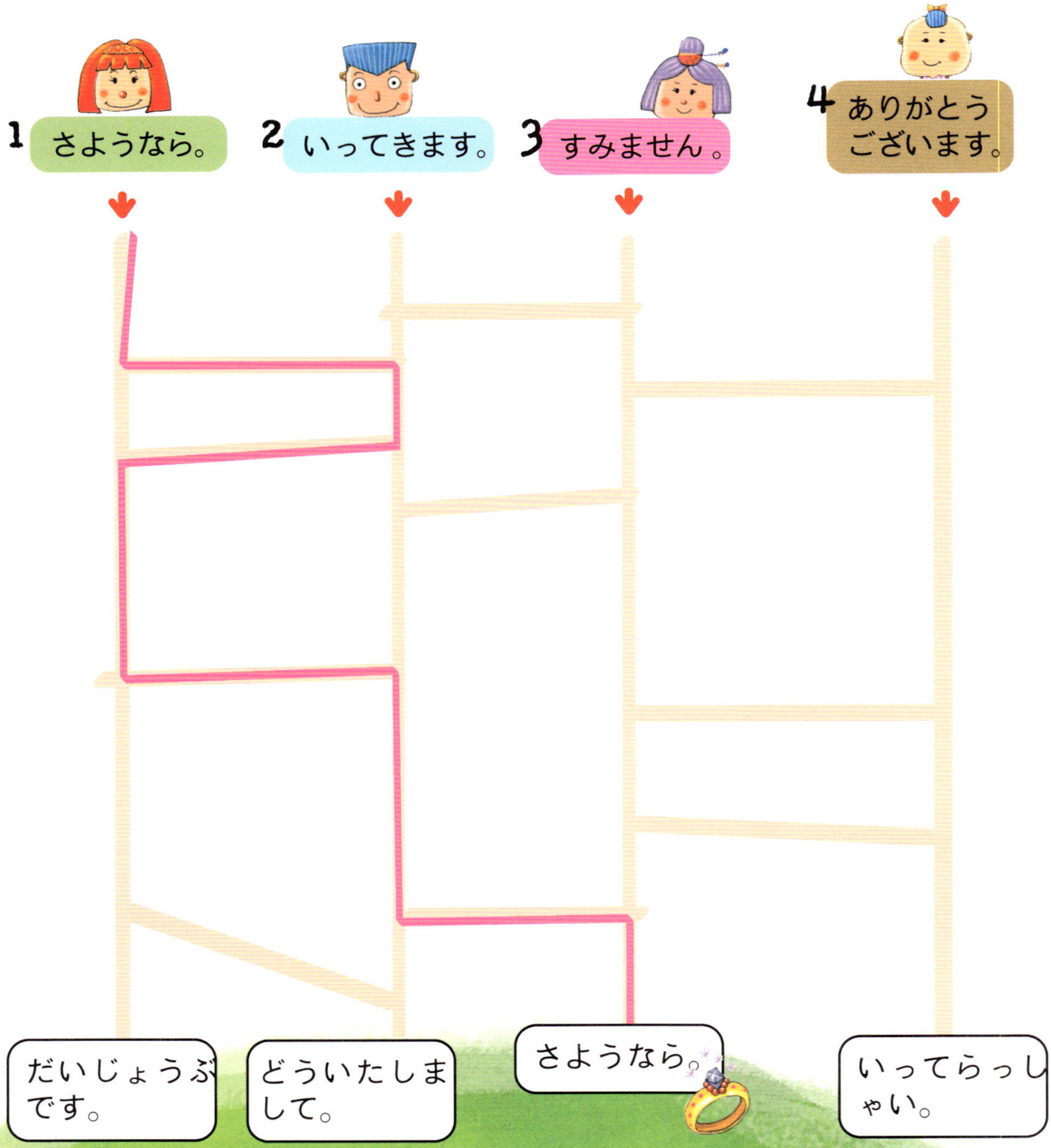

1 さようなら。

2 いってきます。

3 すみません。

4 ありがとうございます。

だいじょうぶです。

どういたしまして。

さようなら。

いってらっしゃい。

정답 1. さようなら。　　2. いってらっしゃい。
　　3. だいじょうぶです。　4. どういたしまして。

패턴을 익혀요. | 식사 예절

いただきます。　　잘 먹겠습니다.

キムさんいただきます。
키무상이따다끼마스
김씨 잘 먹겠습니다.

やまださんいただきます。
야마다상이따다끼마스
야마다씨 잘 먹겠습니다.

おかあさんいただきます。
오까상 이따다끼마스
어머니 잘 먹겠습니다.

おばあさんいただきます。
오바상 이따다끼마스
할머니 잘 먹겠습니다.

せんせいいただきます。
센세- 이따다끼마스
선생님 잘 먹겠습니다.

しつれいします。　　실례합니다.

しつれいします。
시쯔레-시마스
(들어서며) 실례합니다.

しつれいします。
시쯔레-시마스
(길을 비켜가며) 실례합니다.

おさきにしつれいします。
오사끼니 시쯔레-시마스
(자리를 뜨며) 먼저 실례하겠습니다.

しつれいしました。
시쯔레-시마시따
(사과) 실례했습니다.

Part **2**

잊어버리지 말기!!

1. 테이프를 듣고 다음 그림에 어울리는 인사말을 골라보세요.

1)

2)

3)

4)

(   )   (   )   (   )   (   )

a. どうぞ。　　　　　　　　b. いただきます。

c. ごちそうさまでした。　　d. おさきにしつれいします。

2. 다음 빈칸을 완성시켜 보세요.

1)　い (　) (　) き (　) す 。

2)　あ (　) (　) と う (　) (　) い ま す 。

3)　(　) つ れ い (　) (　) す 。

4)　(　) ち そ う (　) (　) で し た 。

정답　1. 1) b　　2) a　　3) d　　4) c
　　　 2. 1) た だ ま　2) り が ご ざ　3) し し ま　　4) ご さ ま

72

문형 테트리스

잘 먹겠습니다.

잘 먹었습니다.

ごちそうさまでした。
고찌소-사마데시따

いただきます。
이따다끼마스

はじめまして。
どうぞよろしく。
하지메마시떼 도-조요로시꾸

おなまえは なんですか。
오나마에와 난데스까

CHANT! CHANT!

いただきます。 いただきます。

ごちそうさまでした。 ごちそうさまでした。

すみません。 すみません。

しつれいします。 しつれいします。

잘 먹겠습니다.
잘 먹었습니다.
미안합니다.
실례합니다.

 한자를 익혀요!

父(아비 부)	父(ちち)나의 아버지
母(어미 모)	母(はは)나의 어머니

생생단어 | 나의 몸

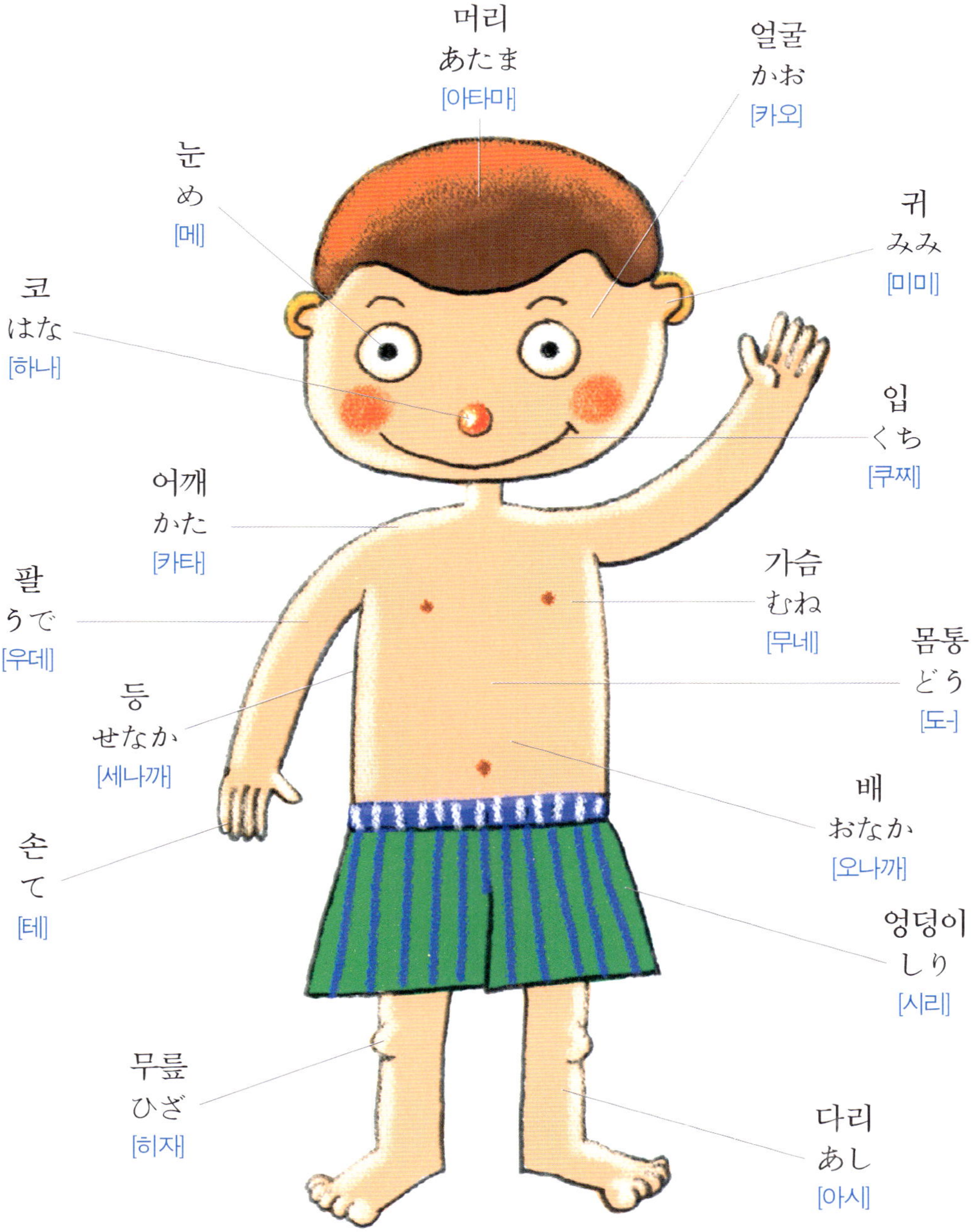

머리
あたま
[아타매]

얼굴
かお
[카오]

눈
め
[메]

귀
みみ
[미미]

코
はな
[하나]

입
くち
[쿠찌]

어깨
かた
[카타]

가슴
むね
[무네]

몸통
どう
[도-]

팔
うで
[우데]

등
せなか
[세나까]

배
おなか
[오나까]

손
て
[테]

엉덩이
しり
[시리]

무릎
ひざ
[히자]

다리
あし
[아시]

3

이것은 만화책입니다.

물건을 가리켜 보고 또 대답하는 연습을 해볼 거예요. 그럼 상점에서 이 물건이 뭔지 질문도 할 수 있겠죠!? 또 우리말의 「~의」에 해당하는 「~の」에 관해서도 그 쓰임새를 알아보아요. 명사와 명사 사이에는 꼭 쓰거든요. 일본어를 장난스럽게 흉내낼 때도 많이 쓰이죠. 「뭐시기노 뭐시기노」하고 말이죠. 아참, 서로 자기가 있는 위치에 따라 이것으로 물어보면 그것으로 대답하고, 그 것으로 물어보면 이것으로 대답하는 거 알아두시고요.

이것만은 꼭 알고 가기

~は なんですか。 ~은(는) 무엇입니까?

~は ~では ありません。 은(는) ~이 아닙니다.

알짜표현 익히기

그대로 따라 읽어보세요.

これは なんですか。

코레와 난데스까

それはまんがのほんです。

소레와 망가노혼데스

それもまんがのほんですか。

소레모 망가노혼데스까

いいえ、これはまんがのほんではありません。

이-에 코레와 망가노혼데와아리마셍

 무슨 뜻일까요!?

これは なんですか。
이것은 무엇입니까?

それはまんがのほんです。
그것은 만화책입니다.

それもまんがのほんですか。
그것도 만화책입니까?

いいえ、これはまんがのほんではありません。
아니오, 이것은 만화책이 아닙니다.

- これ 코레 (이것)
- は 와 (은, 는)
- なん 난 (무엇)
- です 데스 (입니다)
- ですか 데스가 (입니까)
- いいえ 이-에 (아니오)
- ではありません
  데와아리마셍 (~이 아닙니다)

 tip

これ	이것
それ	그것
あれ	저것
どれ	어느것
ではありません	이(가) 아닙니다

스트리트 니홍고

DIALOGUE 1 / 사물

これはなんですか。

코레와 난데스까

それはけいたいです。

소레와 케이따이데스

じゃ、あれはなんですか。

쟈, 아레와 난데스까

あれはけしゴムです。

아레와 케시고무데스

이것은 무엇입니까?
그것은 휴대폰입니다.

그럼, 저것은 무엇입니까?
저것은 지우개입니다.

- **それ** 소레 (그것)
- **けいたい** 케이따이 (휴대폰)
- **じゃ** 쟈 (그럼)
- **けしゴム**
  케시고무 (지우개)

DIALOGUE 2 / 긍정

これはなんですか。
코레와 난데스카

それはノートです。
소레와 노-또데스

あれもノートですか。
아레모 노-또데스까

はい、そうです。
하이, 소-데스

이것은 두엇입니까?
그것은 노트입니다.

저것도 노트입니까?
예, 그렇습니다.

- ノート 노-또(노트)
- あれ 아레(저것)
- ~も 모(~도)
- そう 소-(그렇게)
- そうです
  소-데스(그렇습니다)

 이렇게 읽어요.

さ 행
우리말의 「사·시·스·세·소」로 발음하면 됩니다.

 さ [sa] 사

 し [si] 시

 す [su] 스

 せ [se] 세

 そ [so] 소

 한번 써 보세요.

さ	さ	さ	さ	さ	さ	さ
し	し	し	し	し	し	し
す	す	す	す	す	す	す
せ	せ	せ	せ	せ	せ	せ
そ	そ	そ	そ	そ	そ	そ

도깨비 방망이!!

도깨비들이 말하는 5가지 단어를 다음에서 골라보세요.
그러면 여러분들이 원하는 도깨비 방망이를 얻을 수 있답니다. TAPE♪

ノート
ボールペン
けいたい
わたし
えんぴつ
かんこくじん
おかあさん
けしゴム
はじめまして
まんがのほん
これ　はさみ
あなた
どうぞ　わたし
さくら　あれ
それ　いぬ
おい

정답　わたし　けいたい　けしゴム　これ　あなた

패턴을 익혀요. | 사물 가리키기

これ/それ/あれは ～ です。 이것/그것/저것은 ～입니다.

これは えんぴつです。
코레와 엠삐쯔데스
이것은 연필입니다.

これは ボールペンです。
코레와 보-루뻰데스
이것은 볼펜입니다.

これは まんがのほんです。
코레와 망가노홍데스
이것은 만화책입니다.

これは めがねです。
코레와 메가네데스
이것은 안경입니다.

これは かばんです。
코레와 카방데스
이것은 가방입니다.

これは けいたいです。
코레와 케-따이데스
이것은 핸드폰입니다.

これは ノートです。
코레와 노-또데스
이것은 노트입니다.

これは くつです。
코레와 쿠쯔데스
이것은 구두입니다.

これは けしゴムです。
코레와 케시고무데스
이것은 지우개입니다.

これは はさみです。
코레와 하사미데스
이것은 가위입니다.

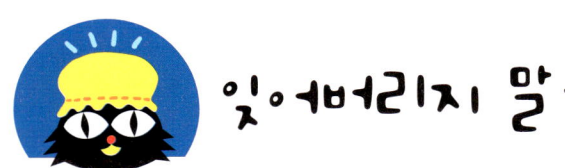

1. 테이프를 듣고 그림에 맞는 대화를 완성해 보세요.

> A: これは なんですか。

1)

B: それは 　　　　　　。

2)

B: それは 　　　　　　。

3)

B: それは 　　　　　　。

4)

B: それは 　　　　　　。

2. 다음의 단어들로 문장을 완성시켜 보세요.

1) は　の　まんがほん　です　これ　→ ＿＿＿＿＿＿＿＿＿。

2) あれ　では　ありません　ノート　は　→ ＿＿＿＿＿＿＿＿＿。

3) も　ですか　えんぴつ　それ　→ ＿＿＿＿＿＿＿＿＿。

정답　1. 1) えんぴつです　　2) けいたいです
　　　3) まんがのほんです　4) はさみです
2. 1) これはまんがのほんです。
　　2) あれはノートではありません。
　　3) それもえんぴつですか。

문형 테트리스

이것은 무엇입니까?

그것은 휴대폰입니다.

これはなんですか。
코레와 난데스까

それはけ
いたいです。
소레와 케이따이데스

ごちそうさまでした。
곳소사마데시따

いただきます。
이따다끼마스

はじめまして。
どうぞよろしく。
하지메마시떼 도-조요로시꾸

おなまえは なんですか。
오나마에와 난데스까

CHANT! CHANT!

これは　なんですか。　これは　なんですか。
それはまんがのほんです。　それはまんがのほんです。

あれもノートですか。　あれもノートですか。
はい、そうです。　はい、そうです。

이것은 무엇입니까?
그것은 만화책입니다.
저것도 노트입니까?
예, 그렇습니다.

 한자를 익혀요!

画(그림 화)　　　　漫画(まんが) 만화

本(근본 본)　　　　本(ほん) 책

생생단어 | 맛있는 음식

うどん	우동	そば	메밀국수
[우동]		[소바]	
ラーメン	라면	すきやき	전골
[라멩]		[스끼야끼]	
とんかつ	돈가스	てんぷら	튀김
[톤까쯔]		[템뿌라]	
すし	초밥	たこやき	문어구이
[스시]		[타꼬야끼]	
さしみ	회	おこのみやき	오꼬노미야끼
[사시미]		[오꼬노미야끼]	
しゃぶしゃぶ	샤브샤브		
[샤부샤부]			

4

우리는 지구촌 한가족

지구촌 친구들과 대화가 통한다면 어느 나라 아이들과도 늦게까지 게임도 하고 신날텐데. 참, 희망사항이죠!! 오늘은 어디어디를 묻는 장소를 가리킬 때 쓰는 말을 배워 볼께요.

이것만은 꼭 알고 가기

~は　どこですか。 은(는) 어디입니까?

알짜표현 익히기

그대로 따라 읽어보세요.

おくにはどこですか。
오꾸니와 도꼬데스까

かんこくです。
캉꼬꾸데스

おくにはどこですか。
오꾸니와 도꼬데스까

にほんです。
니혼데스

 무슨 뜻일까요!?

おくにはどこですか。
고국이 어디십니까? (어느 나라 사람입니까?)

かんこくです。
한국입니다.

おくにはどこですか。
어느 나라 사람입니까?

にほんです。
일본입니다.

- おくに 오꾸니
  (くに : 나라, 고향. 여기서는
  고국의 의미로 쓰입니다.)
- どこ 도꼬 (어디)
- かんこく 캉꼬꾸 (한국)
- にほん 니홍 (일본)

tip

おくにはどこですか。
어느 나라 사람입니까?
고향이 어디십니까?

Part 4

스트리트 니홍고

DIALOGUE 1 / 출신지

やまださん、おくにはどこですか。

야마다상, 오꾸니와 도꼬데스까

にほんです。

니혼데스

にほんのどこですか。

니혼노도꼬데스까

とうきょうです。

토-꾜-데스

야마다씨, 어느 나라 사람입니까?
일본입니다.

일본 어디입니까?
동경입니다.

- さん 상 (씨)
- の 노 (의)
- とうきょう 토-꾜- (동경)

DIALOGUE 2 / 고향

スミスさん、おくにはどこですか。

스미스상 오꾸니와 도꼬데스까

アメリカです。

아메리까데스

あなたのおくにはどこですか。

아나따노 오꾸니와 도꼬데스까

スイスです。

스이스데스

스미스씨, 어느 나라 사람입니까?
미국입니다.

당신은 어느 나라 사람입니까?
스위스입니다.

- アメリカ
  아메리까 (미국)
- スイス
  스이스 (스위스)
- あなた
  아나따 (당신)

이렇게 읽어요.

た행

우리말의 「타·치·츠·테·토」로 발음됩니다.
단, 단어 중간에서부터는 ㄸ에 가깝게 발음하세요.

た [ta] 타

ち [chi] 치

つ [tsu] 츠

て [te] 테

と [to] 토

 한번 써 보세요.

た	た	た	た	た	た	た
ち	ち	ち	ち	ち	ち	ち
つ	つ	つ	つ	つ	つ	つ
て	て	て	て	て	て	て
と	と	と	と	と	と	と

우리는 모두 하나예요.

카따까나를 연결하면 무엇이 될까요. 알아 맞춰보세요.
또 예쁘게 색칠해 보세요.

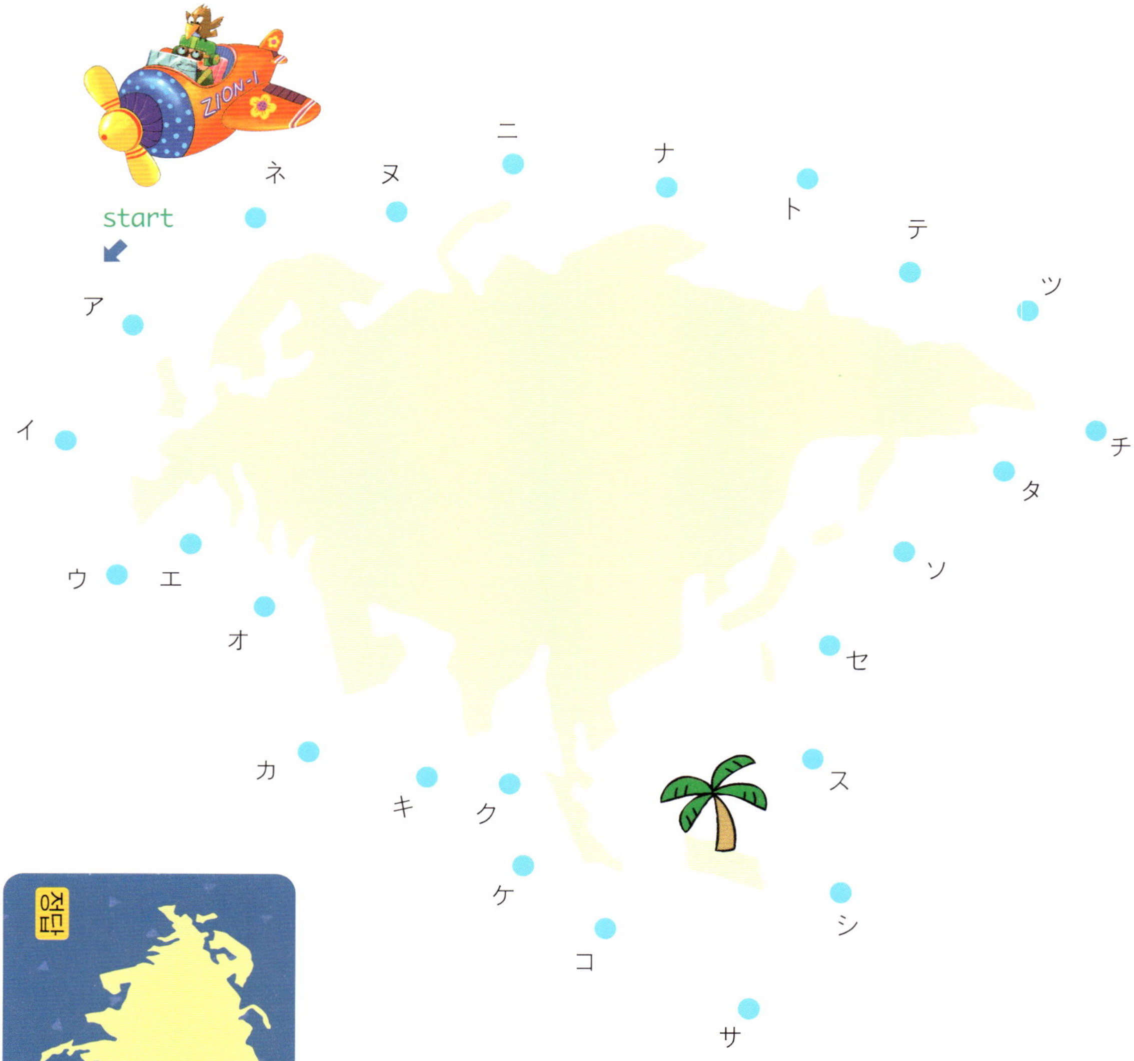

start

ネ ヌ ニ ナ
ト テ
ア ツ
イ チ
タ
ウ エ ソ
オ セ
ス
カ
キ ク シ
ケ
コ サ

아시아유럽대륙

정답

98

패턴을 익혀요. | 나라이름

おくにはどこですか。 ~です。 어느 나라 사람입니까? ~입니다.

おくにはどこですか。 **かんこく**です。
오꾸니와 도꼬데스까 캉꼬꾸데스
어느 나라 사람입니까? 한국입니다.

おくにはどこですか。 **アメリカ**です。
오꾸니와 도꼬데스까 아메리까데스
어느 나라 사람입니까? 미국입니다.

おくにはどこですか。 **にほん**です。
오꾸니와 도꼬데스까 니혼데스
어느 나라 사람입니까? 일본입니다.

おくにはどこですか。 **ちゅうごく**です。
오꾸니와 도꼬데스까 츄-고꾸데스
어느 나라 사람입니까? 중국입니다.

おくにはどこですか。 **スイス**です。
오꾸니와 도꼬데스까 스이스데스
어느 나라 사람입니까? 스위스입니다.

おくにはどこですか。 **イギリス**です。
오꾸니와 도꼬데스까 이기리스데스
어느 나라 사람입니까? 영국입니다.

おくにはどこですか。 **インド**です。
오꾸니와 도꼬데스까 인도데스
어느 나라 사람입니까? 인도입니다.

おくにはどこですか。 **モンゴル**です。
오꾸니와 도꼬데스까 몽고루데스
어느 나라 사람입니까? 몽고입니다.

잊어버리지 말기!!

1. 다음 대화를 듣고 주인공이 어느 나라 사람인지 맞춰 보세요.

> A : おくにはどこですか。
>
> B : ＿＿＿＿＿です。

1) ちゅうごく 　　　　2) アメリカ

3) にほん 　　　　4) かんこく

2. 다음은 나라 이름입니다. 맞게 연결해 보세요.

1) 한국 •　　　　　　　• スイス

2) 일본 •　　　　　　　• かんこく

3) 미국 •　　　　　　　• ちゅうごく

4) 영국 •　　　　　　　• にほん

5) 중국 •　　　　　　　• アメリカ

5) 스위스 •　　　　　　　• イギリス

정답 1. 1) ちゅうごく
　　　2. 1) 한국: かんこく 　　2) 일본: にほん 　　3) 미국: アメリカ
　　　　4) 영국: イギリス 　　5) 중국: ちゅうごく 　　6) 스위스: スイス

문형 테트리스

どこからきましたか。
어느나라사람이에요

かんこくです。
한국입니다.

おくにはどこですか。
오꾸니와 도꼬데스까

かんこくです。
캉꼬꾸데스

ごちそうさまでした。
고찌소사마데시따

いただきます。
이따다끼마스

はじめまして。
どうぞよろしく。
하지메마시떼 도-조요로시꾸

それはけいたいです。
소레와 케이따이데스

おなまえは なんですか。
오나마에와 난데스까

これはなんですか。
코레와 난데스까

CHANT! CHANT!

おくにはどこですか。おくにはどこですか。
かんこくです。かんこくです。
おくにはどこですか。 おくにはどこですか。
にほんです。にほんです。

어느 나라 사람입니까?
한국입니다.
어느 나라 사람입니까?
일본입니다.

한자를 익혀요!

国(나라 국)

韓国(かんこく)한국

日(해 일)

日本(にほん)일본

생생단어 | 세계의 여러 나라

アメリカ [아메리까]	미국	スイス [스이스]	스위스
にほん [니홍]	일본	ドイツ [도이쯔]	독일
ちゅうごく [츄-고꾸]	중국	フランス [후란스]	프랑스
イギリス [이기리스]	영국	カナダ [카나다]	캐나다
アイルランド [아이루란도]	아일랜드	ブラジル [부라지루]	브라질
イタリア [이따리아]	이탈리아	ロシア [로시아]	러시아

Section 4

5

화장실이 급해요.

장소를 가리키는 표현에 관해 좀 더 자세히 배워 볼께요. 그래야 길이라도 물어 물어 찾아갈 거 아니겠어요!? 우리는 용감하고 씩씩한 대한의 어린이!! 이까짓 것쯤 아무 것도 아니예요.

이것만은 꼭 알고 가기

~は どこに ありますか。　　~은(는) 어디에 있습니까?

참! 「**あります**」는 움직이지 않는 사물이 있다고 할 때만 쓰인답니다.

사람이나 동물이 있다고 할 때는 「**います**」를 써요.

알짜표현 익히기

그대로 따라 읽어보세요.

トイレはどこですか。
토이레와 도꼬데스까

エレベーターのまえです。
에레베-따-노 마에데스

そうですか。
소-데스까

ありがとうございます。
아리가또-고자이마스

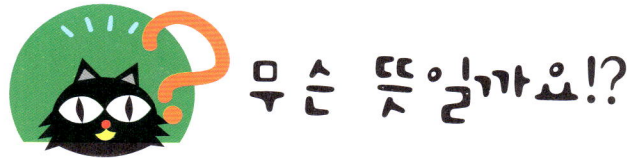 무슨 뜻일까요!?

トイレはどこですか。
화장실은 어디입니까?

エレベーターのまえです。
엘리베이터 앞입니다.

そうですか。
그렇습니까?

ありがとうございます。
감사합니다.

- **トイレ** 토이레 (화장실)
- **エレベーター**
  에레베-따- (엘리베이터)
- **まえ** 마에 (앞)

tip

ここ	여기	そこ	거기
あそこ	저기	どこ	어디
まえ	앞	うしろ	뒤
そば	옆	なか	속, 안

스트리트 니홍고

DIALOGUE 1 / 집의 위치

あなたのおたくはどこですか。

아나따노 오따꾸와 도꼬데스까

とうきょうです。

토-꾜-데스

えきのそばですか。

에끼노 소바데스까

はい、そうです。

하이, 소-데스

당신 댁은 어디입니까?
동경입니다.

역 근처입니까?
예, 그렇습니다.

- **おたく**
  오따꾸 (댁, 집의 높임말)
- **えき** 에끼 (역)
- **そば** 소바 (곁, 옆)

DIALOGUE 2 / 통성명

テレビはどこにありますか。
테레비와 도꼬니 아리마스까

へやにあります。
헤야니 아리마스

エアコンはどこにありますか。
에아꽁와 도꼬니 아리마스까

いまにあります。
이마니 아리마스

텔레비전은 어디에 있습니까?
방에 있습니다.

에어콘은 어디에 있습니까?
거실에 있습니다.

- **テレビ**
  테레비 (텔레비전)
- **へや** 헤야 (방)
- **エアコン**
  에아꽁 (에어콘)
- **いま** 이마 (거실)

이렇게 읽어요.

な행

우리말의 「나·니·누·네·노」로 발음하면 됩니다.

な [na] 나

に [ni] 니

ぬ [nu] 누

ね [ne] 네

の [no] 노

 한번 써 보세요.

な	な	な	な	な	な	な
に	に	に	に	に	に	に
ぬ	ぬ	ぬ	ぬ	ぬ	ぬ	ぬ
ね	ね	ね	ね	ね	ね	ね
の	の	の	の	の	の	の

우리 동요를 일본어로…

C — **G7** — **C**

일본어	のウサギ・	ウサギや・	どこへ	いくの
	노우사기	우사기야	도꼬에	이꾸노
한국어	산토끼	토끼야	어디를	가느냐

C — **G7** — **C**

	びょんびょん	走(はし)って	どこへ	いくの
	봉봉	하싯떼	도꼬에	이꾸노
	깡충깡충	뛰면서	어디를	가느냐

패턴을 익혀요. | 건물 찾기

~は　どこですか。 ~은 어디입니까?

 トイレは　どこですか。 화장실은 어디입니까?
토이레와 도꼬데스까

 ゆうびんきょくは　どこですか。 우체국은 어디입니까?
유-빙꾜꾸와 도꼬데스까

 しやくしょは　どこですか。 시청은 어디입니까?
시야꾸쇼와 도꼬데스까

 くやくしょは　どこですか。 구청은 어디입니까?
쿠야꾸쇼와 도꼬데스까

 くすりやは　どこですか。 약국은 어디입니까?
쿠스리야와 도꼬데스까

 パンやは　どこですか。 빵집은 어디입니까?
팡야와 도꼬데스까

 ほんやは　どこですか。 서점은 어디입니까?
홍야와 도꼬데스까

 とこやは　どこですか。 이발소는 어디입니까?
토꼬야와 도꼬데스까

とこやは　どこですか。 백화점은 어디입니까?
데빠-또와 도꼬데스까

びょういんは　どこですか。 병원은 어디입니까?
뵤-인와 도꼬데스까

113

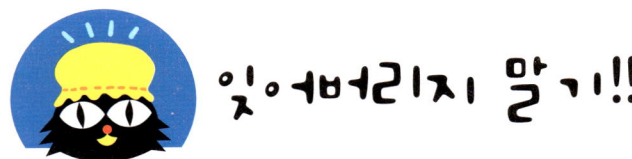

Part 5

잊어버리지 말기!!

1. 다음 대화를 듣고 알맞은 말을 찾아보세요. 🎵TAPE

> A: くすりやは　どこですか。
>
> B: ＿＿＿＿＿＿＿＿＿＿＿ です。

1) えきのまえ　　　　　　2) エレベーターのまえ

3) びょういんのそば　　　4) とこやのそば

2. 다음의 단어들로 문장을 완성시켜 보세요.

1) は　ですか　デパート　どこ

➡ ＿＿＿＿＿＿＿＿＿＿＿＿＿＿＿＿＿＿＿。

2) ありますか　に　エアコン　どこ　は

➡ ＿＿＿＿＿＿＿＿＿＿＿＿＿＿＿＿＿＿＿。

3) の　あなた　は　ですか　どこ　おたく

➡ ＿＿＿＿＿＿＿＿＿＿＿＿＿＿＿＿＿＿＿。

정답 1. 3) びょういんのそば
2. 1) デパートは　どこですか。
2) エアコンはどこにありますか。
3) あなたのおたくはどこですか。

문형 테트리스

텔레비전은 어디에 있습니까?

방에 있습니다.

へやにあります。
해야니 아리마스

テレビはどこにありますか

ごちそうさまでした。
곳소사마데시따

いただきます。
이따다끼마스

はじめまして。
どうぞよろしく。
하지메마시떼 도-조요로시꾸

おなまえは なんですか。
오나마에와 난데스까

それはけ
いたいです。
소레와 케이따이데스

おくにはどこですか。
오꾸니와 도꼬데스까

かんこくです。
캉꼬꾸데스

これはなんですか。
코레와 난데스까

CHANT! CHANT!

トイレはどこですか。 トイレはどこですか。
エレベーターのまえです。
エレベーターのまえです。

おたくはどこですか。 おたくはどこですか。
ハンナムドンです。 ハンナムドンです。

화장실은 어디입니까?
엘리베이터 앞입니다.
댁이 어디입니까?
한남동입니다.

 한자를 익혀요!

宅(집 댁)

お宅(たく)댁

前(앞 전)

前(まえ)앞

116

생생단어 | 우리가족

がっこう [각꼬-]	학교	えき [에끼]	역
びょういん [뵤-잉]	병원	ぎんこう [깅꼬-]	은행
けいさつしょ [케-사쯔쇼]	경찰서	クリーニングや [쿠리-닝구야]	세탁소
ゆうびんきょく [유-빙꾜꾸]	우체국	えいがかん [에-가깡]	영화관
こうえん [코-엥]	공원	ちゅうしゃじょう [츄-샤죠-]	주차장
スーパー [스-빠-]	슈퍼		

6

내가 물건을 살 수 있을까?

이제부터 우린 물건을 사볼 거예요. 하지만 그러기엔 우리 실력이 아주 쬐끔 부족하긴 하죠!! 그래도 절대 포기할 순 없지요. 갈 길이 멀긴 할테지만요. 숫자가 가장 난관이겠지만 우리 모두 다 아자!! 아자!!

이것만은 꼭 알고 가기

~は いくらですか。 이것은 얼마입니까?

알짜표현 익히기

그대로 따라 읽어보세요.

すみません。
스미마셍

これはいくらですか。
코레와 이꾸라데스까

2000えんです。
니셍엔데스

たかいですね。
타까이데스네

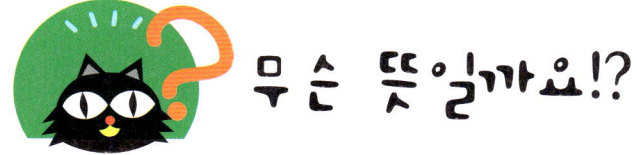

무슨 뜻일까요!?

すみません。
실례합니다.

これはいくらですか。
이것은 얼마입니까?

2000えんです。
2000엔입니다.

たかいですね。
비싸군요.

- **すみません** 스미마셍 (미안합니다, 실례합니다. 종업원에게 말을 걸 때.)
- **いくら** 이꾸라 (얼마)
- **えん** 엔 (일본의 화폐 단위)
- **たかい** 타까이 (비싸다)

Part 6

스트리트 니홍고

DIALOGUE 1 / 가격 흥정

いらっしゃいませ。
이랏샤이마세

これはいくらですか。
코레와이꾸라데스까

1500えんです。
셍고햐쿠엔데스

かんこくのです。
캉꼬꾸노데스

어서 오세요.
이것은 얼마입니까?

1500엔입니다.
한국 것입니다.

・いらっしゃいませ
  이랏샤이마세 (어서 오십시오.
  손님을 맞이할 때 쓰는 인사말.)
・～の 노 (~의 것)

DIALOGUE 2 / 상품 결정

このおもちゃはいくらですか。
코노 오모쨔와 이꾸라데스까

5000えんです。
고셍엔데스

じゃ、これをください。
쟈, 코레오 쿠다사이

かしこまりました。
카시꼬마리마시따

이 장난감은 얼마입니까?
5000엔입니다.

그럼, 이것을 주세요.
알겠습니다.

- おもちゃ 오모쨔 (장난감)
- ～を 오 (을, 를)
- ください 쿠다사이 (주세요)
- かしこまりました
  카시꼬마리마시따
  (알겠습니다)

tip

わたし	나
あなた	너
です	입니다
ですか	입니까

이렇게 읽어요.

は행

우리말의 「하·히·후·헤·호」로 발음하면 됩니다.

は [ha] 하

ひ [hi] 히

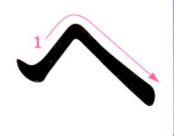

ふ [hu] 후

へ [he] 헤

ほ [ho] 호

 한번 써 보세요.

は	は	は	は	は	は	は
ひ	ひ	ひ	ひ	ひ	ひ	ひ
ふ	ふ	ふ	ふ	ふ	ふ	ふ
へ	へ	へ	へ	へ	へ	へ
ほ	ほ	ほ	ほ	ほ	ほ	ほ

숫자나라

0	1	2	3	4
れい・ゼロ	いち	に	さん	し・よん
5	**6**	**7**	**8**	**9**
ご	ろく	しち・なな	はち	きゅう・く

◎ tip

- 10단위 (1부터 9에 じゅう만 붙이면 됩니다.)

10　じゅう	60　ろくじゅう
20　にじゅう	70　ななじゅう
30　さんじゅう	80　はちじゅう
40　よんじゅう	90　きゅうじゅう
50　ごじゅう	

패턴을 익혀요. | 금액

これはいくらですか。　~えん/ウォンです。
이것은 얼마입니까? ~엔/원입니다.

 これはいくらですか。　さんぜんえんです。
코레와 이꾸라데스까　산젱엔데스
이것은 얼마입니까? 3000엔입니다.

 これはいくらですか。　ひゃくえんです。
코레와 이꾸라데스까　햐꾸엔데스
이것은 얼마입니까? 100엔입니다.

 これはいくらですか。　いちまんウォンです。
코레와 이꾸라데스까　이찌망원데스
이것은 얼마입니까? 10000원입니다.

 これはいくらですか。　ごじゅうウォンです。
코레와 이꾸라데스까　고쥬─원데스
이것은 얼마입니까? 50원입니다.

100단위		1000단위	
100	ひゃく	1000	せん
200	にひゃく	2000	にせん
300	さんびゃく	3000	さんぜん
400	よんひゃく	4000	よんせん
500	ごひゃく	5000	ごせん
600	ろっぴゃく	6000	ろくせん
700	ななひゃく	7000	ななせん
800	はっぴゃく	8000	はっせん
900	きゅうひゃく	9000	きゅうせん

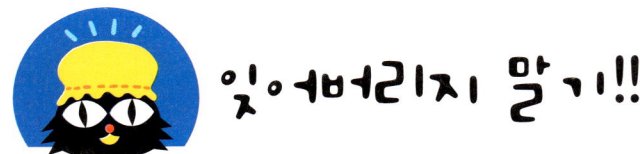

Part 6

잊어버리지 말기!!

1. 다음 대화를 듣고 가격이 얼마인지 맞춰보세요. 🎵

> A : このノートは いくらですか。
>
> B : ＿＿＿＿＿＿＿＿＿＿＿ です。

1) 100えん   2) 200えん

3) 300えん   4) 400えん

2. 다음 숫자를 읽어보세요.

1) 100 ➡ ....

2) 3000 ➡ ....

3) 10 ➡ ....

4) 10000 ➡ ....

정답 1. 2) 200えん
      2. 1) ひゃく   2) さんぜん
         3) じゅう   4) いちまん

문형 테트리스

이것을 주세요.

이것은 얼마입니까?

これをください。
코레오 쿠다사이

これはいくらですか。
코레와이꾸라데스까

CHANT! CHANT!

これはいくらですか。 これはいくらですか。
1000えんです。 1000えんです。

これをください。 これをください。
かしこまりました。 かしこまりました。

이것은 얼마입니까?
1000엔입니다.
이것을 주세요.
알겠습니다.

한자를 익혀요!

一 (하나 일)   十 (열 십)   百 (일백 백)

一 (いち) 1   十 (じゅう) 10   百 (ひゃく) 100

생생단어 | 맛있는 과일

りんご [링고]	사과	バナナ [바나내]	바나나
なし [나시]	배	ぶどう [부도-]	포도
もも [모모]	복숭아	まくわうり [마꾸와우리]	참외
すいか [스이까]	수박	メロン [메롱]	메론
いちご [이찌고]	딸기	パイナップル [파이낫뿌루]	파인애플
みかん [미깡]	귤	レモン [레몽]	레몬

いらっしゃいませ。

7

우리

가족은요!!

앞에서 우린 가족 호칭에 관해 배웠습니다. 기억하고 있나요.
아, 아니라고요? 예, 그게 정상입니다. 한 번 보고 다 기억할 수 있다면 공부가 뭐 별거겠어요!?
우리 다시 한 번 시작해 볼까요!?

이것만은 꼭 알고 가기

あなたのかぞくはなんにんですか。　등-신 가족은 몇 명입니까?

그대로 따라 읽어보세요.

あなたのかぞくはなんにんですか。

아나따노 카조꾸와 난닌데스까

4にんかぞくです。

요닝카조꾸데스

そうですか、スミスさんは。

소-데스까, 스미스산와

わたしは5にんかぞくです。

와따시와 고닝카조꾸데스

Section **4**

무슨 뜻일까요!?

あなたのかぞくはなんにんですか。
당신 가족은 몇 명입니까?

4にんかぞくです。
4인 가족입니다.

そうですか、スミスさんは。
그렇습니까? 스미스씨는요.

わたしは5にんかぞくです。
저는 5인 가족입니다.

- かぞく 카조꾸 (가족)
- なんにん 난닝 (몇 명)
- 4にん 요닝 (4인)
- わたし 와따시 (나, 저)

tip

さんにんかぞく	세 식구
よにんかぞく	네 식구
ごにんかぞく	다섯 식구

스트리트 니홍고

DIALOGUE 1 / 나이

おかあさんはおいくつですか。
오까-산와 오이꾸쯔데스까

60さいです。
로꾸짓사이데스

おとうさんはおいくつですか。
오또-산와 오이꾸쯔데스까

ははとおなじとしです。
하하또 오나지토시데스

어머님은 연세가 몇이십니까?
60세입니다.

아버님은 연세가 몇이십니까?
어머니와 동갑입니다.

- **おかあさん**
  오까-상 (남의 어머니)
- **さい** 사이 (살, 세)
- **おとうさん** 오또-상
  (남의 아버지)
- **いくつ** 이꾸쯔 (몇)
- **はは** 하하 (우리 어머니)
- **おなじとし**
  오나지토시 (동갑)

DIALOGUE 2 / 부러움

スミスさんはおいくつですか。
스미스산와 오이꾸쯔데스까

はたちです。
하따찌데스

そうですか。
소-데스까

うらやましいですね。
우라야마시-데스네

파워 업단어장

스미스씨는 몇 살입니까?
스무 살입니다.

그렇습니까?
부럽군요.

- **はたち**
  하따찌 (스무 살)
- **うらやましい**
  우라야마시- (부럽다)

이렇게 읽어요.

ま행

우리말의 「마·미·무·메·모」로 발음하면 됩니다.

 **ま** [ma] 마

 **み** [mi] 미

 **む** [mu] 무

 **め** [me] 메

も [mo] 모

 한번 써 보세요.

ま	ま	ま	ま	ま	ま	ま
み	み	み	み	み	み	み
む	む	む	む	む	む	む
め	め	め	め	め	め	め
も	も	も	も	も	も	も

신나는 퍼즐

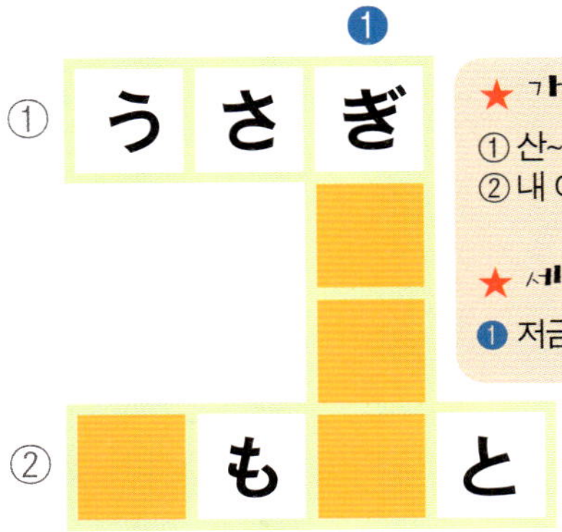

첫 번째 퍼즐

① | う | さ | ぎ |

② | | も | | と |

★ 가로열쇠
① 산~~야 어디를 가느냐!!
② 내 여동생

★ 세로열쇠
❶ 저금하는 곳이에요.

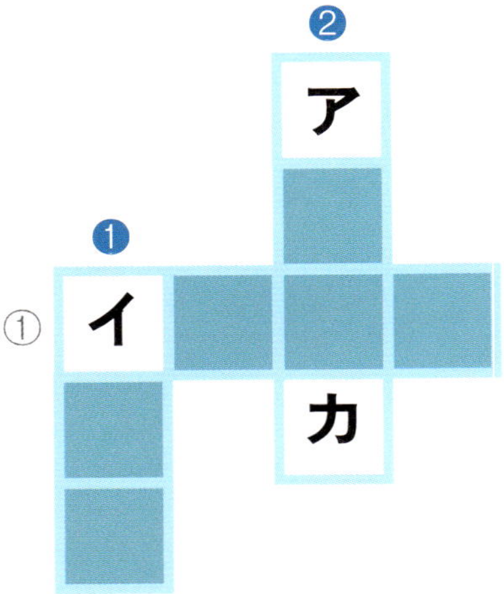

두 번째 퍼즐

❷ ア

❶
① イ
カ

★ 가로열쇠
① 신사의 나라

★ 세로열쇠
❶ 뉴우델리가 수도인 아시아의 남쪽에 있는 나라
❷ 자유의 여신상이 있는 곳이에요.

세 번째 퍼즐

❶
① | お | | |

② | あ | り | | | | | | | | す |

★ 가로열쇠
① 집을 높여 부르는 말
② 고맙습니다, 감사합니다

★ 세로열쇠
❶ 남의 어머니를 가리키는 말이에요.

정답

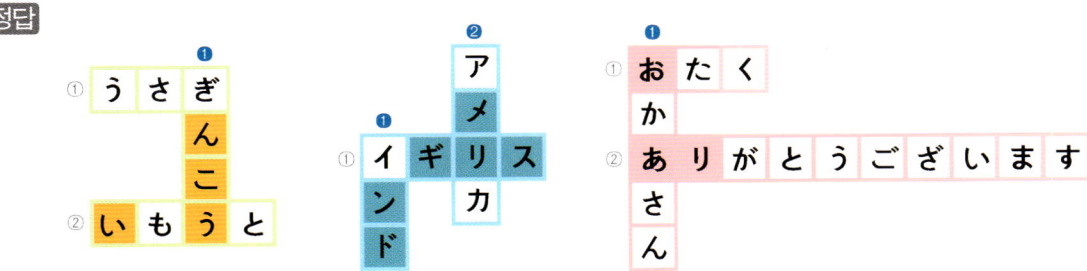

① | う | さ | ぎ |
| | | ん |
| | | こ |
② | い | も | う | と |

❷ ア
| メ |
❶
① イ | ギ | リ | ス
| ン | | カ |
| ド |

❶
① | お | た | く |
| か |
② | あ | り | が | と | う | ご | ざ | い | ま | す |
| さ |
| ん |

패턴을 익혀요. | 가족

かぞくはなんにんですか。 가족은 몇 명입니까?

あなたの かぞくは なんにんですか。
아나따노 카조꾸와 난닌데스까
당신 가족은 몇 명입니까?

やまださんの かぞくは なんにんですか。
야마다산노 카조꾸와 난닌데스까
야마다 씨 가족은 몇 명입니까?

スミスさんの かぞくは なんにんですか。
스미스산노 카조꾸와 난닌데스까
스미스 씨 가족은 몇 명입니까?

ジスさんの かぞくは なんにんですか。
지스산노 카조꾸와 난닌데스까
지수 씨 가족은 몇 명입니까?

~ にんかぞくです。 ~인 가족입니다.(식구입니다.)

さんにんかぞくです。　　　　세 식구입니다.
산닝가조꾸데스

よにんかぞくです。　　　　네 식구입니다.
요닝가조꾸데스

ごにんかぞくです。　　　　다섯 식구입니다.
고닝가조꾸데스

ろくにんかぞくです。　　　　여섯 식구입니다.
로쿠닝가조꾸데스

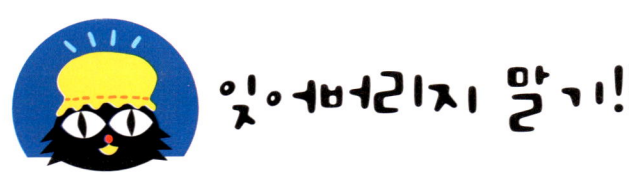

잊어버리지 말기!!

1. 다음 대화를 듣고 주인공의 가족 수를 맞춰 보세요.

> A : かぞくはなんにんですか。
>
> B : _____

1) さんにんかぞく　　　　　2) よにんかぞく

3) ごにんかぞく　　　　　　4) ろくにんかぞく

2. 다음은 가족의 명칭입니다. 맞게 연결해 보세요.

1) 우리 어머니　　　•　　　　　• おかあさん

2) 남의 언니　　　　•　　　　　• おとうさん

3) 내 남동생　　　　•　　　　　• そふ

4) 우리 할아버지　•　　　　　• おねえさん

5) 남의 아버지　　•　　　　　• はは

6) 남의 어머니　　•　　　　　• おとうと

정답 1. 3) ごにんかぞく

　　2. 1) はは　　　2) おねえさん　　3) おとうと
　　　　4) そふ　　　5) おとうさん　　6) おかあさん

문형 테트리스

몇 살입니까?

당신 가족은 몇 명입니까?

あなたのかぞくはなん
にんですか。
아나따노 카조꾸와 난닌데스까

おいくつですか。
와오이꾸쯔데스까

これをください。
코레오 쿠다사이

これはいくらですか。
코레와이꾸라데스까

CHANT! CHANT!

あなたのかぞくはなんにんですか。
あなたのかぞくはなんにんですか。

よにんかぞくです。　よにんかぞくです。
おいくつですか。　おいくつですか。
はたちです。　はたちです。

당신 가족은 몇 명입니까?
4인가족입니다.
몇 살입니까?
스무 살입니다.

한자를 익혀요!

家(집 가)

家族(かぞく)가족

族(겨레 족)

생생단어 | 교통수단

くるま [쿠루마]	차	ひこうき [히꼬-끼]	비행기
じどうしゃ [지도-샤]	자동차	じてんしゃ [지뗀샤]	자전거
きしゃ [키샤]	기차	ちかてつ [치까떼쯔]	지하철
タクシー [타꾸시-]	택시	でんしゃ [덴샤]	전철
バス [바스]	버스	オートバイ [오-또바이]	오토바이
ふね [후네]	배	トラック [토락꾸]	트럭

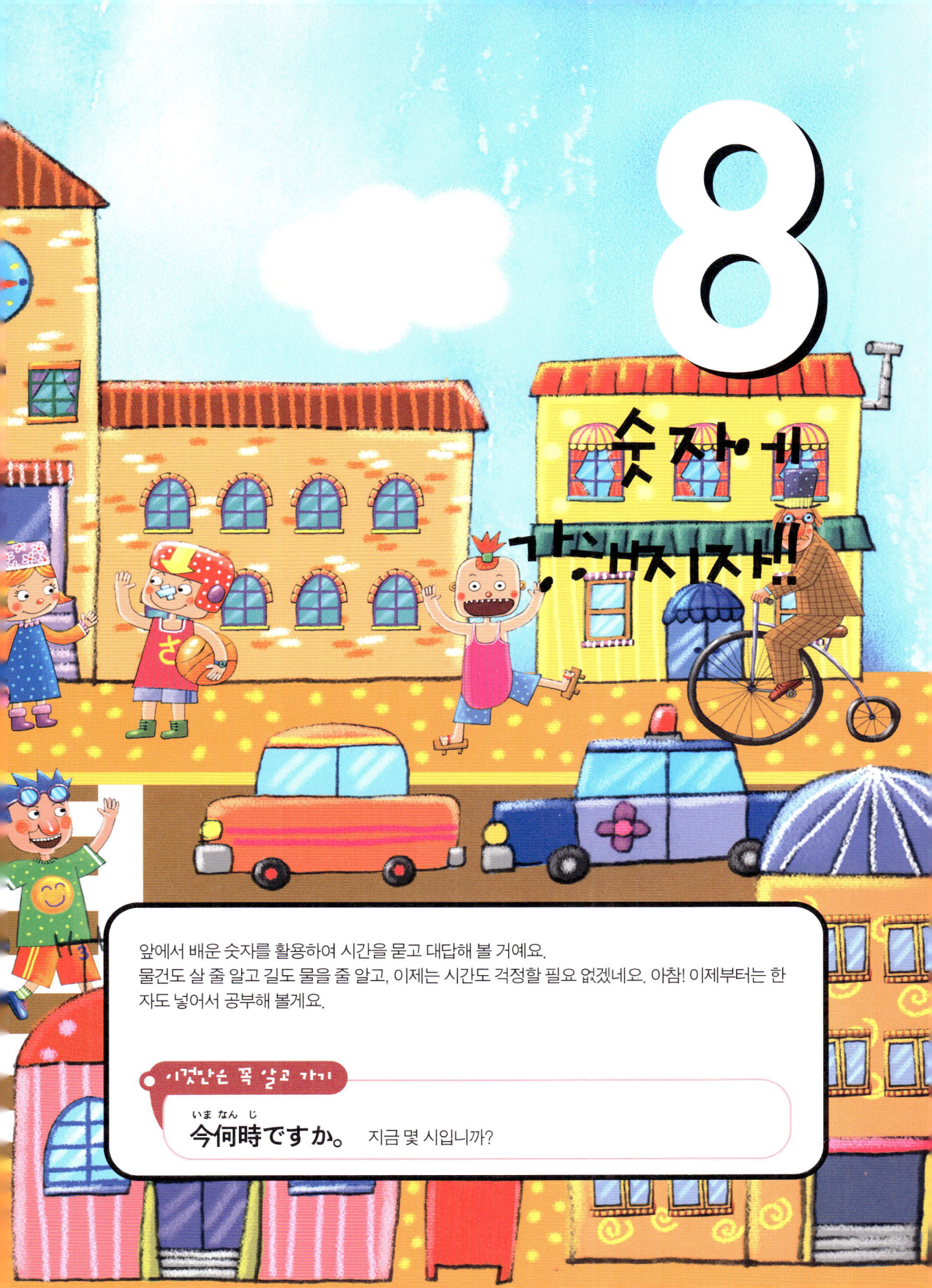

8

숫자야 깨어지자!!

앞에서 배운 숫자를 활용하여 시간을 묻고 대답해 볼 거예요.
물건도 살 줄 알고 길도 물을 줄 알고, 이제는 시간도 걱정할 필요 없겠네요. 아참! 이제부터는 한자도 넣어서 공부해 볼게요.

이것만은 꼭 알고 가기

今何時ですか。 지금 몇 시입니까?

알짜표현 익히기

그대로 따라 읽어보세요.

いまなんじですか。
이마 난지데스까

6じ30ぷんです。
로꾸지산집뿐데스

にほんごのじゅぎょうはなんじからで
すか。
니홍고노 쥬교-와 난지까라데스까

9じからです。
쿠지까라데스

무슨 뜻일까요!?

いま なん じ
今何時ですか。

지금 몇 시입니까?

ろく じ さん じっ ぷん
6時三十分です。

6시 30분입니다.

に ほん ご　　じゅ ぎょう　　なん じ
日本語の授業は何時からですか。

일본어 수업은 몇 시부터입니까?

く じ
9時からです。

9시부터입니다.

- 今（いま）이마 (지금)
- 何時（なんじ）난지 (몇 시)
- 日本語（にほんご）
  니홍고 (일본어)
- 授業（じゅぎょう）
  쥬교- (수업)

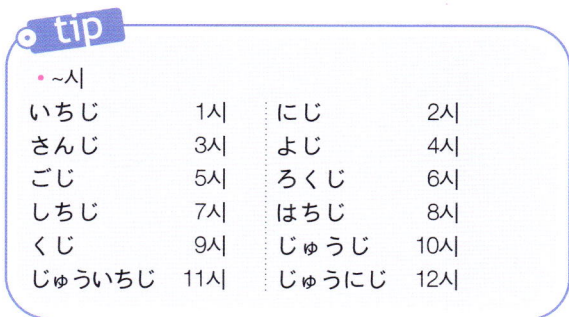

tip

- ~시

いちじ	1시	にじ	2시
さんじ	3시	よじ	4시
ごじ	5시	ろくじ	6시
しちじ	7시	はちじ	8시
くじ	9시	じゅうじ	10시
じゅういちじ	11시	じゅうにじ	12시

스트리트 니홍고

DIALOGUE 1 / 시간

すみません。いまなんじですか。
스미마셍 이마난지데스까

5じちょうどです。
고지쬬-도데스

そうですか。
소-데스까

ありがとうございます。
아리가또-고자이마스

실례합니다. 지금 몇 시입니까?
정각 5시입니다.

그렇습니까?
감사합니다.

· 5じ 고지 (5시)
· ちょうど 쬬-도 (정각)

DIALOGUE 2 / 지각

いま、なんじ。
이마난지

もう7じ30ぷんよ。
모-시찌지 산집뿡요

わあ、はやくはやく。
와- 하야꾸 하야꾸

지금 몇 시!?
벌써 7시 30분이야.

오-, 빨리 빨리.

- もう
  모- (벌써)
- わあ
  와- (와. 감탄사)
- はやく
  하야꾸 (빨리)

이렇게 읽어요.

행

우리말의 「야·유·요」로 발음하면 됩니다.

 や [ya] 야

 ゆ [yu] 유

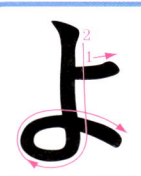 よ [yo] 요

tip

• ~분

いっぷん	1분	にふん	2분
さんぷん	3분	よんぷん	4분
ごふん	5분	ろっぷん	6분
ななふん	7분	はっぷん	8분
きゅうふん	9분	じゅっぷん/じっぷん	10분

 한번 써 보세요.

や	や	や	や	や	や	や
ゆ	ゆ	ゆ	ゆ	ゆ	ゆ	ゆ
よ	よ	よ	よ	よ	よ	よ

알쏭달쏭 수수께끼

다음 수수께끼의 정답을 맞춰보세요.

① 일할 때 머리를 물에 담그는 건?

② 깜박이 아래 훌쩍이, 훌쩍이 아래 쩝쩝이는?

③ 줄무늬 옷을 입고 통통 소리를 내며 다니는 과일은?

④ 걸을 때마다 앞뒤로 흔들리는 건?

⑤ 탈것은 탈것인데 위아래로만 다녀요?

⑥ 검은 이와 흰 이가 사이좋게 노래하는 건?

정답 ① 筆(ふで):붓   ② 顔(かお):얼굴   ③ すいか:수박   ④ 腕(うで):팔
⑤ エレベーター:엘리베이터   ⑥ ピアノ:피아노

패턴을 익혀요. | 시간

~時です。　　　~시입니다.

一時です。
이찌지데스
1시

3時です。
산지데스
3시

5時です。
고지데스
5시

9時です。
쿠지데스
9시

2時 三十分です。
니지 산집뿐데스
2시 30분

3時 25分です。
산지 니쥬-고훈데스
3시 25분

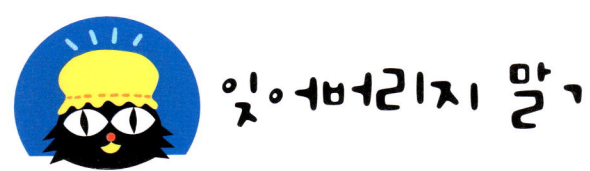
잊어버리지 말기!!

1. 다음 대화를 듣고 주인공의 수업시간을 맞춰 보세요.

> A: じゅぎょうはなんじからですか。
>
> B: _____。

1) 9じ　　2) 8じ　　3) 10じ　　4) 11じ

2. 그림에 알맞은 시간을 연결해 보세요.

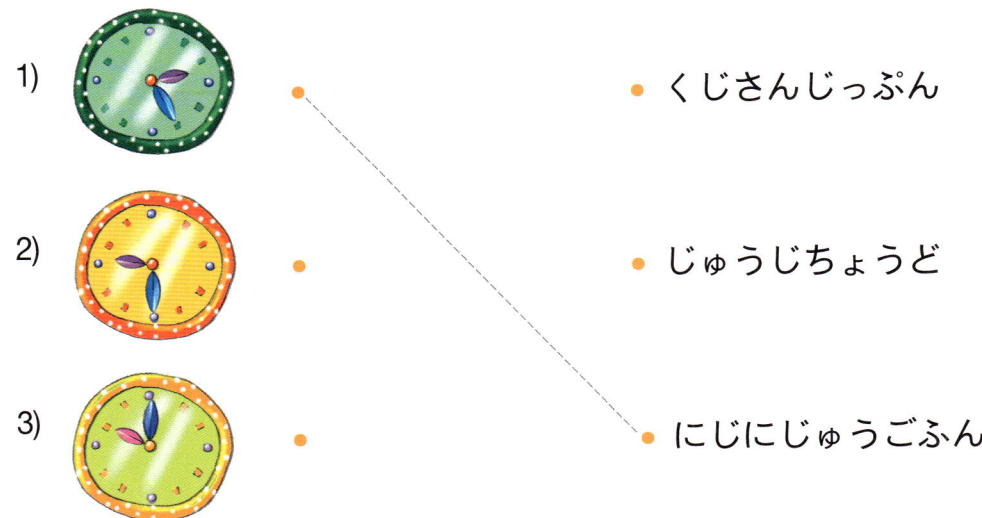

1) ● ── ● くじさんじっぷん

2) ● ● じゅうじちょうど

3) ● ● にじにじゅうごふん

정답　1. 2) 8じ
2. 1) にじにじゅうごふん
　　2) くじさんじっぷん
　　3) じゅうじちょうど

문형 테트리스

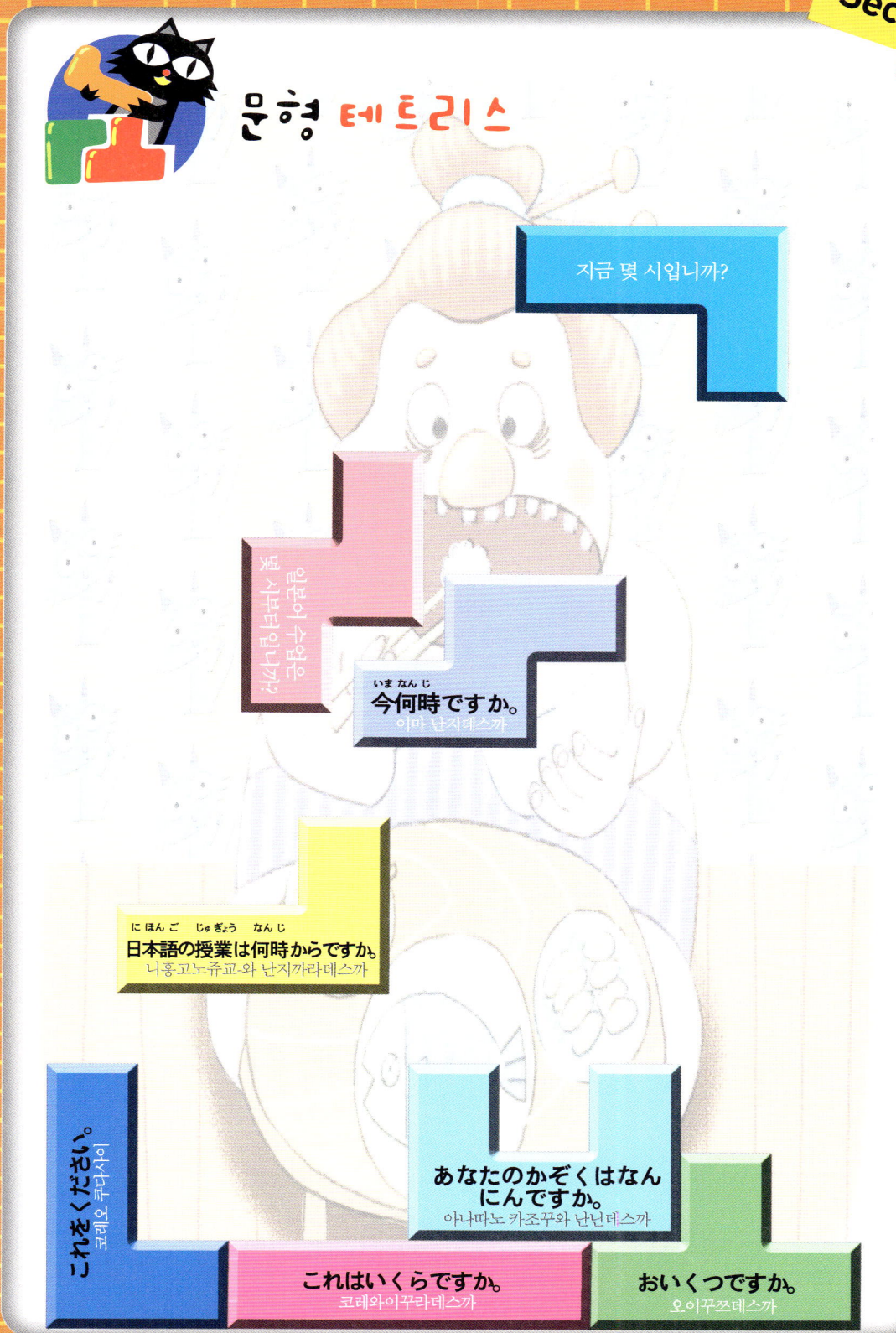

지금 몇 시입니까?

오늘은 수업이 몇시부터입니까?

今何時ですか。
이마 난지데스까

日本語の授業は何時からですか。
니홍고노쥬교-와 난지까라데스까

これをください。
코레오 쿠다사이

あなたのかぞくはなん
にんですか。
아나따노 카조꾸와 난닌데스까

これはいくらですか。
코레와이꾸라데스까

おいくつですか。
오이꾸쯔데스까

CHANT! CHANT!

いまなんじですか。 いまなんじですか。
くじです。 くじです。

いまなんじですか。 いまなんじですか。
5じちょうどです。 5じちょうどです。

지금 몇 시입니까?
9시입니다.
지금 몇 시입니까?
정각 5시입니다.

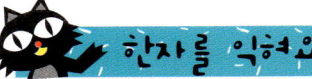
한자를 익혀요!

今(이제 금)

今(いま)지금

時(때 시)

時(じ)~시

생생단어 | 내가 좋아하는 색은!?

あか [아까]	빨강	ねずみいろ [네즈미이로]	회색
あお [아오]	파랑	むらさき [무라사끼]	보라색
きいろ [키이로]	노랑색	ちゃいろ [차이로]	갈색
しろ [시로]	흰색	きんいろ [킹이로]	금색
くろ [쿠로]	검정색	ぎんいろ [깅이로]	은색
みどり [미도리]	녹색	ベージュ [베-쥬]	베이지

159

9

~격보다 ~키가 큽니다.

춥다, 덥다 등의 사물의 상태나 성질을 나타내는 말을 형용사라고 하는데, 그 형용사를 이번 과에서 배울 거예요. 일본어는 형용사가 「~い」로 끝나는데 정중한 말로 바꾸려면 그냥 「~です」만 붙이면 된답니다.

● 이것만은 꼭 알고 가기

~いです。 ~ㅂ니다. (형용사)

알짜표현 익히기

그대로 따라 읽어보세요.

わたしはちからがつよいです。
와따시와 치까라가 츠요이데스

おにいさんよりせがたかいです。
오니-상요리 세가타까이데스

わたしはいつもげんきです。
와따시와 이쯔모 겡끼데스

おにいさんはわたしよりげんきではあ
りません。
오니-산와 와따시요리 겡끼데와아리마셍

무슨 뜻일까요!?

私<small>わたし</small>は力<small>ちから</small>が強<small>つよ</small>いです。
나는 힘이 셉니다.

お兄<small>にい</small>さんより背<small>せ</small>が高<small>たか</small>いです。
형보다 키가 큽니다.

私<small>わたし</small>はいつも元気<small>げんき</small>です。
나는 언제나 건강합니다.

お兄<small>にい</small>さんは私<small>わたし</small>より元気<small>げんき</small>ではありません。
형은 나보다 건강하지 않습니다.

수리수리 단어창

- 力(**ちから**) 치까라 (힘)
- 強(**つよ**)い 츠요이
  (세다, 강하다)
- 背(**せ**) 세 (키)
- 高(**たか**)い 타까이 (높다, 크다)
- 元気(**げんき**)だ 겡끼다
  (건강하다)
- ~より 요리 (~보다)

tip

~い　　　형용사
~いです 형용사의 정중표현

163

스트리트 니홍고

DIALOGUE 1 / 주문

なににしますか。
나니니시마스까

アイスクリームにします。
아이스꾸리-무니시마스

あじはどうですか。
아지와 도-데스까

とてもおいしいです。
토떼모 오이시-데스

파워업단어장

무엇으로 하시겠습니까?
아이스크림으로 하겠습니다.

맛은 어떻습니까?
매우 맛있습니다.

- なに 나니 (무엇)
- アイスクリーム
  아이스꾸리-무 (아이스크림)
- あじ 아지 (맛)
- おいしい
  오이시- (맛있다)

DIALOGUE 2 / 계절

はるはあたたかいです。
하루와 아따따까이데스

なつはあついです。
나쯔와 아쯔이데스

あきはすずしいです。
아끼와 스즈시―데스

ふゆはさむいです。
후유와 사무이데스

봄은 따뜻합니다.
여름은 덥습니다.

가을은 선선합니다.
겨울은 춥습니다.

- **はる/なつ/あき/ふゆ**
  하루/나쯔/아끼/후유
  (봄/여름/가을/겨울)
- **あたたかい**
  아따따까이 (따뜻하다)
- **あつい** 아쯔이 (덥다)
- **すずしい** 스즈시- (선선하다)
- **さむい** 사무이 (춥다)

이렇게 읽어요.

ら 행

우리말의 「라·리·루·레·로」로 발음하면 됩니다.

ら [ra] 라

り [ri] 리

る [ru] 루

れ [re] 레

ろ [ro] 로

 한번 써 보세요.

ら	ら	ら	ら	ら	ら	ら
り	り	り	り	り	り	り
る	る	る	る	る	る	る
れ	れ	れ	れ	れ	れ	れ
ろ	ろ	ろ	ろ	ろ	ろ	ろ

히라가나를 연결해 보세요.

히라가나를 연결하면 예쁜 동물 모양이 나옵니다. 예쁘게 색칠도 해보세요.

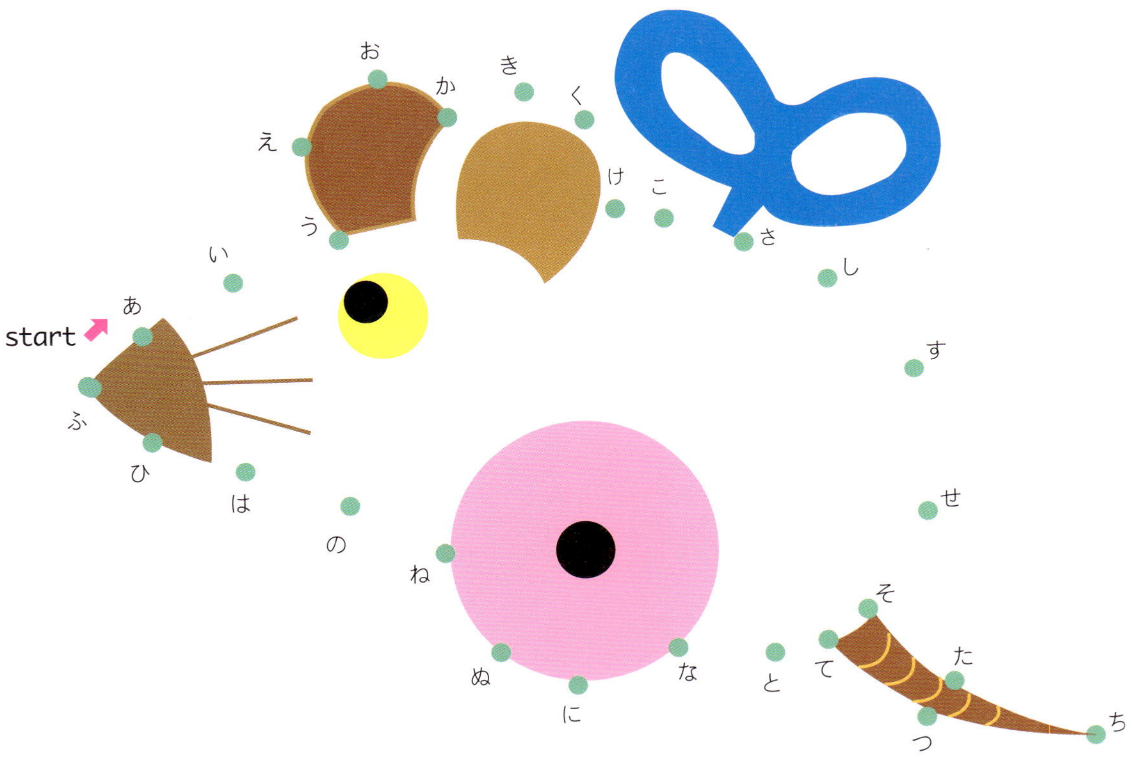

お
か
き
く
え
う
け
こ
さ
し
い
す
start あ
ふ
ひ
は
の
ね
せ
そ
て
た
ち
ぬ
に
な
と
つ

정답

패턴을 익혀요. | 형용사

~**い** ~하다. ~**いです**。 ~합니다.

| 예 | おおきい 크다
오오끼- | おおきいです 큽니다
오오끼-데스 |

	~**い** ~하다.	~**いです**。 ~합니다.
작다	ちいさい 치-사이	ちいさいです 치-사이데스
강하다	つよい 츠요이	つよいです 츠요이더스
약하다	よわい 요와이	よわいです 요와이더스
많다	おおい 오-이	おおいです 오-이데스
적다	すくない 스꾸나이	すくないです 스꾸나이 데스
높다	たかい 타까이	たかいです 타까이데스
낮다	ひくい 히꾸이	ひくいです 히꾸이데스
길다	ながい 나가이	ながいです 나가이데스
짧다	みじかい 미지까이	みじかいです 미지까이데스

잊어버리지 말기!!

1. 테이프를 듣고 맞는 그림을 찾으세요.

ⓐ はる ⓑ なつ ⓒ わたしはおにいさんよりせがたかいです。 ⓓ アイスクリーム

1)

2)

3)

4)
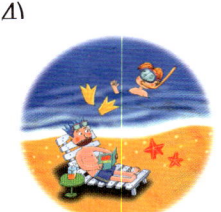

2. 다음 단어를 좀 더 정중한 표현으로 바꿔보세요.

> 예: **おおい** 많다 ➡ **おおいです** 많습니다

1)	**たかい**	높다	➡	_____	높습니다
2)	**ながい**	길다	➡	_____	깁니다
3)	**つよい**	강하다	➡	_____	강합니다
4)	**すずしい**	선선하다	➡	_____	선선합니다
5)	**おおきい**	크다	➡	_____	큽니다
6)	**さむい**	춥다	➡	_____	춥습니다

정답 1. 1) ⓓ　　2) ⓐ　　3) ⓒ　　4) ⓑ
2. 1) **たかいです**　　2) **ながいです**
　 3) **つよいです**　　4) **すずしいです**
　 5) **おおきいです**　　6) **さむいです**

문형 테트리스

나는 힘이 셉니다.

나는 언제나 건강합니다.

私はいつも元気です。
와따시와 이쯔모 겡끼데스

私は力が強いです。
와따시와 치까라가 쯔요이데스

今何時ですか。
이마 난지데스까

あなたのかぞくはなん
にんですか。
아나따노 카조꾸와 난닌데스까

日本語の授業は何時からですか。
니홍고노 쥬교-와 난지까라데스까

これをください。
코레오 쿠다사이

これはいくらですか。
코레와 이꾸라데스까

おいくつですか。
오이꾸쯔데스까

171

CHANT! CHANT!

はるはあたたかいです。
はるはあたたかいです。

なつはあついです。　なつはあついです。
あきはすずしいです。　あきはすずしいです。
ふゆはさむいです。　ふゆはさむいです。

봄은 따뜻합니다.
여름은 덥습니다.
가을은 선선합니다.
겨울은 따뜻합니다.

한자를 익혀요!

春(봄 춘)　　夏(여름 하)　　秋(가을 추)

春(はる)봄　　夏(なつ)여름　　秋(あき)가을

冬(겨울 동)　　冬(ふゆ)겨울

생생단어 | 나의 띠

ねずみ [네즈미]	쥐	うま [우마]	말
うし [우시]	소	ひつじ [히쯔지]	양
とら [토라]	호랑이	さる [사루]	원숭이
うさぎ [우사기]	토끼	にわとり [니와또리]	닭
りゅう（ドラゴン） [류-(도라공)]	용	いぬ [이누]	개
へび [헤비]	뱀	ぶた [부따]	돼지

わたしは7じにおきます。

7じはんまでごはんをたべます。

10 나의 하루

8じにがっこうへいきます。

어느덧 우리가 마지막까지 오게 되었네요. 어때요? 재미있게 일본어를 공부할 수 있었나요!? 자! 끝까지 힘내서 우리 유종의 미를 거두도록 해요. 유종의 미가 뭐냐구요!? 끝까지 잘하자는 뜻이 지요. 그럼 스타~~~~~~~~~~~~~~트!!

이것만은 꼭 알고 가기

~ます   ~ ㅂ니다 (동사)

알짜표현 익히기

그대로 따라 읽어보세요.

わたしは7じにおきます。
와따시와 시찌지니 오끼마스

7じはんまでごはんをたべます。
시찌지항마데니 고항오 타베마스

8じにがっこうへいきます。
하찌지니 갓꼬-에 이끼마스

3じにうちへかえります。
산지니 우치에 카에리마스

 무슨 뜻일까요!?

わたし　しち　じ　　お
私は 7 時に起きます。
나는 7시에 일어납니다.

しち　じ　はん　　　　　はん　　た
7 時半までご飯を食べます。
7시 반까지 밥을 먹습니다.

はち じ　　がっ こう　　　い
8 時に学校へ行きます。
8시에 학교에 갑니다.

さん じ　　うち　　かえ
3 時に家へ帰ります。
3시에 집에 돌아갑니다.

 우리우리 단어∼?

- 起(お)きる 오끼루 (일어나다)
- ご飯(はん) 고항 (밥)
- 学校(がっこう) 갓꼬- (학교)
- 食(た)べる 타베루 (먹다)
- 行(い)く 이꾸 (가다)
- 帰(かえ)る 카에루 (돌아가다)

tip

~ます　　~(합)니다
형태가 여러 가지이므로 뒤쪽 형용사와
동사 이야기를 참조하세요.

177

스트리트 니홍고

DIALOGUE 1 / 기상

キムさんはなんじにおきますか。

키무산와 난지니 오끼마스까

7じにおきます。

시찌지니 오끼마스

じゃ、よるはなんじにねますか。

쟈, 요루와 난지니 네마스까

10じごろねます。

쥬-지고로 네마스

김씨는 몇 시에 일어납니까?
7시에 일어납니다.

그럼, 저녁에는 몇 시에 잡니까?
10시 쯤 잡니다.

- **よる**　요루 (밤)
- **ねる**　네루 (자다)
- **~ごろ**　~고로 (쯤)

DIALOGUE 2 / 아침 식사

あなたはまいにちあさごはんをたべますか。

아나따와 마이니찌 아사고항오 타베마스까

はい、たべます。

하이, 타베마스

なにをたべますか。

나니오 타베마스까

パンをたべます。

팡오 타베마스

당신은 매일 아침밥을 먹습니까?
예, 먹습니다.

무엇을 먹습니까?
빵을 먹습니다.

- あさごはん
  아사고항 (아침밥)
- まいにち
  마이니찌 (매일)
- パン 팡 (빵)

Part 10

이렇게 읽어요.

わ행ん

우리말의 「와·오·응」으로 발음하면 됩니다.
を는 ~을/를의 조사로 쓰입니다. ん의 경우는 앞에 나오는 음에 따라
조금씩 다르기도 하니 앞의 발음 설명을 참조해 주세요.

 わ [wa] 와

 を [wo] 오

 ん [ŋ] 응

한번 써 보세요.

わ	わ わ わ わ わ わ					
を	を を を を を を					
ん	ん ん ん ん ん ん					

Section 4

Part 10

재미있는 **カタカナ** 도레미송!!

♪ ド は　ドラゴンの　ド　　도는 드래곤(용)의 도
도와　도라곤노　도

レ は　レコードの　レ　　레는 레코드의 레
레와　레꼬ー도노　레

ミ は　ミニカーの　ミ　　미는 미니카의 미
미와　미니까ー노　미

ファ は　ファウルの　ファ　　파는 파울의 파
화와　화우루노　화

♪ ソ は　ソフトの　ソ　　솔은 소프트의 솔
소와　소후또노　소

ラ は　ラジオの　ラ　　라는 라디오의 라
라와　라지오노　라

シ は　シーソーの　シ　　시는 시소의 시
시와　시ー소ー노　시

いっしょに　うたいましょう。　다함께 노래합시다.
잇쇼니　우따이마쇼ー

ドレミファソラシ　ド!ソ!ド!　도레미파 솔라시 도! 솔! 도!
도레미화　소라시　도소도

182

패턴을 익혀요. | 동사

동사의 정중형

예 かく 쓰다　　　かきます 씁니다
　　카끼　　　　　　카끼마스

	동사의 정중형	
일어나다	おきる 오끼루	おきます 오끼마스
먹다	たべる 타베루	たべます 타베마스
말하다	はなす 하나스	はなします 하나시마스
놀다	あそぶ 아소부	あそびます 아소비마스
자다	ねる 네루	ねます 네마스
돌아오다	かえる 카에루	かえります 카에리마스
보다	みる 미루	みます 미마스
가다	いく 이꾸	いきます 이끼마스
오다	くる 쿠루	きます 키마스

 **Part 10**

잊어버리지 말기!!

1. 테이프를 듣고 맞는 그림을 찾으세요.

1) (　　　　)　　2) (　　　　)　　3) (　　　　)　　4) (　　　　)

2. 다음 단어를 좀 더 정중한 표현으로 바꿔보세요.

> 예: **いく** 가다 ➡ **いきます。** 갑니다

1) **たべる** 먹다 ➡ _____ 먹습니다 。

2) **おきる** 일어나다 ➡ _____ 일어납니다 。

3) **ねる** 자다 ➡ _____ 잡니다 。

4) **みる** 보다 ➡ _____ 봅니다 。

5) **くる** 오다 ➡ _____ 옵니다 。

6) **する** 하다 ➡ _____ 합니다 。

정답　1. 1) ⓒ　　2) ⓐ　　3) ⓑ　　4) ⓓ
　　　　2. 1) **たべます**　　2) **おきます**
　　　　　 3) **ねます**　　4) **みます**
　　　　　 5) **きます**　　6) **します**

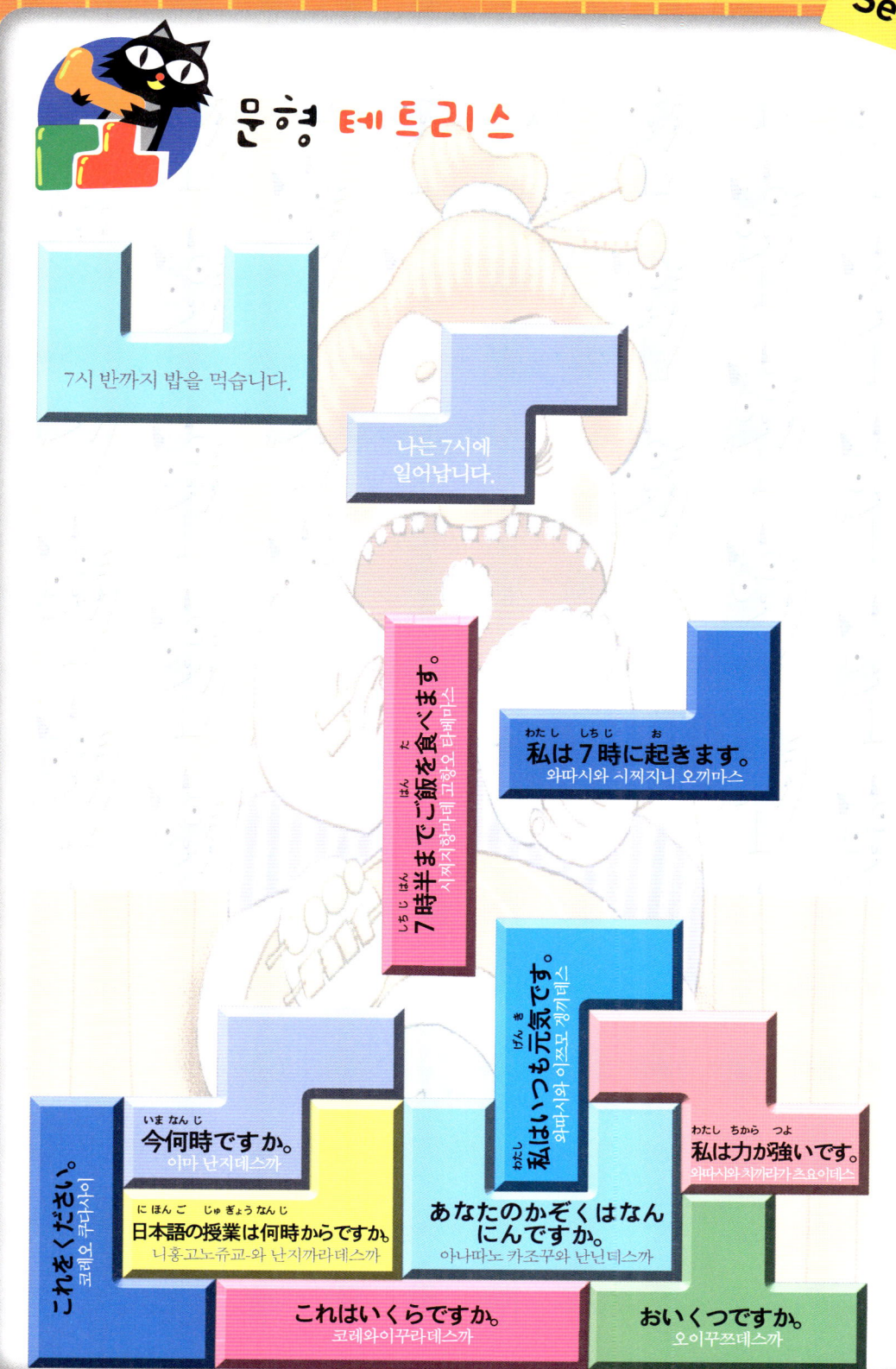

문형 테트리스

7시 반까지 밥을 먹습니다.

나는 7시에 일어납니다.

7時半までにご飯を食べます。
시치지항마데니 고항오 타베마스

私は7時に起きます。
와따시와 시찌지니 오끼마스

私はいつも元気です。
와따시와 이쯔모 겡끼데스

今何時ですか。
이마 난지데스까

私は力が強いです。
와따시와 치까라가츠요이데스

これをください。
코레오 쿠다사이

日本語の授業は何時からですか。
니홍고노 쥬교-와 난지까라데스까

あなたのかぞくはなんにんですか。
아나따노 카조꾸와 난닌데스까

これはいくらですか。
코레와 이꾸라데스까

おいくつですか。
오이꾸쯔데스까

185

CHANT! CHANT!

なんじにおきますか。　なんじにおきますか。
7じにおきます。　7じにおきます。

あさごはんをたべますか。
あさごはんをたべますか。
はい、たべます。　はい、たべます。

몇 시에 일어납니까?
7시에 일어납니다.
아침밥을 먹습니까?
예, 먹습니다.

한자를 익혀요!

起(일어날 기)　　起(お)きる 일어나다

食(밥 식)　　食(た)べる 먹다

186

생생단어 | 내 책상

つくえ [츠꾸에]	책상	ノート [노-또]	노트
いす [이스]	의자	したじき [시따지끼]	책받침
ひきだし [히끼다시]	서랍	けしゴム [케시고무]	지우개
がくせいカバン [각세-카방]	책가방	じょうぎ [죠-기]	자
ふでばこ [후데바꼬]	필통	はさみ [하사미]	가위
えんぴつ [엠삐쯔]	연필	のり [노리]	풀

001 おはようございます。 안녕하십니까?

002 さようなら。 안녕히 가세요.(안녕히 계세요.)

003 ありがとうございます。 감사합니다.

004 すみません。 죄송합니다.

005 はじめまして。 처음 뵙겠습니다.

006 こちらこそ どうぞよろしく。 저야말로 잘 부탁합니다.

007 はい、そうです。 예, 그렇습니다.

008 いいえ、そうでは ありません。 아니오, 그렇지 않습니다.

009 これは 何ですか。 이것은 무엇입니까?

010 ソウル駅は どこに ありますか。 서울역은 어디에 있습니까?

011 あちらに ビルが ありますね。 저쪽에 빌딩이 있군요.

012 私は あなたが 好きです。 나는 당신을 좋아합니다.

013 そのひとは まだ 独身ですか。 그 사람은 아직 미혼입니까?

014 あのかたは どなたですか。 저 분은 누구십니까?

015 ひとつ いくらですか。 하나에 얼마입니까?

016 三万ウォンです。 3만 원입니다.

017 三人 います。 세 명 있습니다.

018 五冊で 二万円です。 다섯 권에 2만 엔입니다.

019 おとといの 事でした。 그저께 일이었습니다.

020 今は 秋です。 지금은 가을입니다.

021 今年は とても 寒いでしょう。 올해는 매우 춥지요.

022 今 何時ですか。 지금 몇 시입니까?

023 ちょうど 3時です。 정각 3시입니다.

024 何月ですか。 몇 월입니까?

025 何日ですか。 며칠입니까?

026 1981年の 今日は 何曜日でしたか。
1981년 오늘은 무슨 요일이었습니까?

027 水曜日でした。 수요일이었습니다.

028 スパゲッティは おいしいです。 스파게티는 맛있습니다.

029 なっとうは まずいです。 낫토는 맛이 없습니다.

030 きょうは 寒く ないです。 오늘은 춥지 않습니다.

031 秋は 寒くも 暑くも ありません。 가을은 춥지도 덥지도 않습니다.

032 あの 映画は おもしろかったです。 그 영화는 재미있었습니다.

033 日本は 寒く ありませんでした。 일본은 춥지 않았습니다.

034 日本語は やさしくて おもしろいです。
일본어는 쉽고 재미있습니다.

035 会社は 家から 近くて いいです。 회사는 집에서 가까워서 좋습니다.

036 あの 高い ビルは 63ビルです。 저 높은 빌딩은 63빌딩입니다.

037 机の 上に おもしろい 雑誌が あります。
책상 위에 재미있는 잡지가 있습니다.

038 韓国料理の 中で 何が 一番 辛いですか。
한국 요리 중에 무엇이 가장 맵습니까?

039 ソウルは 東京より 寒いです。 서울은 도쿄보다 춥습니다.

040 私は アムロ ナミエが 好きです。 나는 아무로 나미에를 좋아합니다.

041 銀座は にぎやかな 町です。 긴자는 번화한 거리입니다.

042 私は 日本語が 上手では ない。 나는 일본어를 잘하지 못한다.

043 木村さんは 親切では ありません。 기무라 씨는 친절하지 않습니다.

044 交通は 不便でしたが、景色は 立派でした。
교통은 불편했습니다만, 경치는 훌륭했습니다.

045 前は 静かでは ありませんでした。 전에는 조용하지 않았습니다.

046 この マンションは きれいで 広いです。 이 맨션은 깨끗하고 넓습니다.

047 あの 人は ハンサムで、まじめです。 그 사람은 잘 생겼고 성실합니다.

048 私は 電車で 行きます。 나는 전철을 타고 갑니다.

049 映画を 見て 家に 帰ります。 영화를 보고 집에 돌아갑니다.

050 ひるごはんは 食堂で 食べます。 점심은 식당에서 밥을 먹습니다.

051 日曜日は 朝早く 起きません。 일요일은 아침 일찍 일어나지 않습니다.

052 いっしょうけんめいに 勉強を します。 열심히 공부를 합니다.

053 木村さんは 今日の コンパに 来ません。
기무라 씨는 오늘 모임에 오지않습니다.

054 名前を 書いて います。 이름을 쓰고 있습니다.

055 プールで 泳いで います。 수영장에서 수영하고 있습니다.

056 本を 買って います。 책을 사는 중입니다.

057 友だちを 待って います。 친구를 기다리고 있습니다.

058 雨が 降って います。 비가 내리고 있습니다.

059 犬が 死んで います。 개가 죽었습니다.

060 ビールを 飲んで います。 맥주를 마시고 있습니다.

061 運動場で 遊んで います。 운동장에서 놀고 있습니다.

062 同僚と 話して います。 동료와 이야기하고 있습니다.

063 行ったり 来たり します。 왔다 갔다 합니다.

064 ここに 入らないで ください。 여기에 들어오지 마세요.

065 毎日ニュースを 見なければ なりません。
매일 뉴스를 보지않으면안됩니다.

066 あしたは 会社へ 行かなくても いいです。
내일은 회사에 가지않아도 됩니다.

067 私は デジカメが 買いたいです。
저는 디지털 카메라가 사고 싶습니다.

068 いっしょに 映画でも 見ましょうか。 함께 영화라도 보겠어요?

069 食事を しながら 新聞を 読みます。 식사를 하면서 신문을 봅니다.

070 お好み焼きを 作る ことが できます。
오코노미야키를 만들 수 있습니다.

071 来年は きっと 結婚する つもりです。 내년에는 꼭 결혼할 겁니다.

072 主人に 言った ほうが いいです。 남편에게 말하는 편이 좋습니다.

073 まだ度も 食べた ことが ありません。
아직 한 번도 먹어 본 적이 없습니다.

074 この 薬を 飲めば 治ります。 이 약을 먹으면 낫습니다.

075 その 本を 見れば 答えが すぐ わかります。
그 책을 보면 답을 금방 알 것입니다.

076 勉強すれば するほど おもしろく なります。
공부하면 할수록 재미있어집니다.

077 車に 乗ったら シートベルトを しめましょう。
차를 타면 안전벨트를 맵시다.

078 朝 起きると 顔を 洗います。 아침에 일어나면 세수를 합니다.

079 東京に 行くなら ディズニーランドへ 行って みなさい。
도쿄에 가면 디즈니랜드에 가 보세요.

080 今度の 週末に 横浜へ 行こうと 思います。
다음 주 주말에 요코하마에 가려고 생각합니다.

081 いっしょに 買い物を しようと 思います。
함께 쇼핑을 하려고 합니다.

082 雨が 降って います。 비가 내리고 있습니다.

083 本を 読んで います。 책을 읽고 있습니다.

084 ノートに 名前が 書いて あります。 노트에 이름이 쓰여 있습니다.

085 私も あそこに 行って みます。 나도 그곳에 가 보겠습니다.

086 彼との 約束を 忘れて しまいました。 그와의 약속을 잊어버렸습니다.

087 私は 父に 本を 買って もらいました。
나는 아버지에게 책을 사서 받았습니다.

088 漢字は 覚えにくいです。 한자는 외우기 어렵습니다.

089 サンドイッチは 食べやすいです。 샌드위치는 먹기 쉽습니다.

090 歌を 歌ったり お酒を 飲んだり します。
노래를 부르거나 술을 마시거나 합니다.

091 夜は 家で メールを チェックしたり 友だちに 電話を かけたり
します。 밤에는 집에서 메일을 체크하거나 친구에게 전화를 걸거나 합니다.

092 「라면」は 日本語で 「ラーメン」と いいます。
라면은 일본어로 라멘이라고 합니다.

092 人生と いうのは～。 인생이란~.

094 私は 友だちに 本を あげました。 나는 친구에게 책을 주었습니다.

095 友だちが 私に 本を くれました。 친구가 나에게 책을 주었습니다.

096 私は 友だちに 本を もらいました。 나는 친구에게 책을 받았습니다.

097 私は 友だちに 本を 買って あげました。
나는 친구에게 책을 사 주었습니다.

098 私は 中村さんに スパゲッティを 作って あげました。
나는 나카무라 씨에게 스파게티를 만들어 주었습니다.

099 父は 私に 本を 買って くれました。
아버지는 나에게 책을 사주었습니다.

100 山本は 私に 写真を 撮って くれました。
야마모토는 나에게 사진을 찍어 주었습니다.

내가 먼저 시작하는

주니어 일본어 첫걸음 펜맨십

ILR 국제어학연구소

🐰 히라가나

	あ行	か行	さ行	た行	な行	は行	ま行	や行	ら行	わ行	ん行
あ段	あ [a]	か [ka]	さ [sa]	た [ta]	な [na]	は [ha]	ま [ma]	や [ya]	ら [ra]	わ [wa]	ん [ŋ]
い段	い [i]	き [ki]	し [si]	ち [chi]	に [ni]	ひ [hi]	み [mi]		り [ri]		
う段	う [u]	く [ku]	す [su]	つ [tsu]	ぬ [nu]	ふ [hu]	む [mu]	ゆ [yu]	る [ru]		
え段	え [e]	け [ke]	せ [se]	て [te]	ね [ne]	へ [he]	め [me]		れ [re]		
お段	お [o]	こ [ko]	そ [so]	と [to]	の [no]	ほ [ho]	も [mo]	よ [yo]	ろ [ro]	を [wo]	

🐰 가타카나

	ア行	カ行	サ行	タ行	ナ行	ハ行	マ行	ヤ行	ラ行	ワ行	
ア段	ア [a]	カ [ka]	サ [sa]	タ [ta]	ナ [na]	ハ [ha]	マ [ma]	ヤ [ya]	ラ [ra]	ワ [wa]	ン [ŋ]
イ段	イ [i]	キ [ki]	シ [si]	チ [chi]	ニ [ni]	ヒ [hi]	ミ [mi]		リ [ri]		
ウ段	ウ [u]	ク [ku]	ス [su]	ツ [tsu]	ヌ [nu]	フ [hu]	ム [mu]	ユ [yu]	ル [ru]		
エ段	エ [e]	ケ [ke]	セ [se]	テ [te]	ネ [ne]	ヘ [he]	メ [me]		レ [re]		
オ段	オ [o]	コ [ko]	ソ [so]	ト [to]	ノ [no]	ホ [ho]	モ [mo]	ヨ [yo]	ロ [ro]	ヲ [wo]	

あいうえおかぎ
けこさしすせそ
ちつてとなにぬね
のはひらへほまり
むめもゆよらり
れろアイウエオカ
キクケ하리게니
、ソタ카테비니
ヌネノハヒ

あ	**い**	**う**	**え**	**お**
[a:아]	[i:이]	[u:우]	[e:에]	[o:오]
ア	イ	ウ	エ	オ

あ	あ あ あ	**あさ** [아사] 아침	あさ	
		あさ		
い	い い い	**いし** [이시] 돌	いし	
		いし		
う	う う う	**うえ** [우에] 위	うえ	
		うえ		
え	え え え	**えき** [에끼] 역	えき	
		えき		
お	お お お	**おい** [오이] 조카	おい	
		おい		

あい	사랑	**いえ**	집
え	그림	**うお**	물고기

4

か	き	く	け	こ
[ka:카]	[ki:키]	[ku:쿠]	[ke:케]	[ko:코]
カ	キ	ク	ケ	コ

か	か か か	かお [카오] 얼굴	かお
			かお
き	き き き	きく [키꾸] 국화	きく
			きく
く	く く く	くつ [쿠쯔] 구두	くつ
			くつ
け	け け け	けしき [케시끼] 경치	けしき
			けしき
こ	こ こ こ	こえ [코에] 목소리	こえ
			こえ

 활용단어

かき　감　　　　　　　きん　금
くい　말뚝　　　　　　ここ　여기

5

さ_행

さ	し	す	せ	そ
[sa:사]	[si:시]	[su:스]	[se:세]	[so:소]
サ	シ	ス	セ	ソ

				さけ [사케] 술	さけ
さ	さ	さ	さ		さけ
し	し	し	し	しし [시시] 사자	しし
					しし
す	す	す	す	すし [스시] 초밥	すし
					すし
せ	せ	せ	せ	せき [세끼] 좌석	せき
					せき
そ	そ	そ	そ	そら [소라] 하늘	そら
					そら

さかな	생선	あし	다리
せんせい	선생님	そこ	거기

た행

た	ち	つ	て	と
[ta:타]	[chi:치]	[tsu:츠]	[te:데]	[to:토]
タ	チ	ツ	テ	ト

た	た　た　た	**たつ** [타쯔] 서다		たつ
				たつ
ち	ち　ち　ち	**ちず** [치즈] 지도		ちず
				ちず
つ	つ　つ　つ	**つくえ** [츠꾸에] 책상		つくえ
				つくえ
て	て　て　て	**てら** [티라] 절		てら
				てら
と	と　と　と	**とし** [토시] 나이		とし
				とし

たかい	높다	ちち	아버지
て	손	おと	소리

7

な	に	ぬ	ね	の
[na:나]	[ni:니]	[nu:누]	[ne:네]	[no:노]
ナ	ニ	ヌ	ネ	ノ

な	な	な	な		なつ [나쯔] 여름	なつ
					なつ	
に	に	に	に		におい [니오이] 냄새	におい
					におい	
ぬ	ぬ	ぬ	ぬ		ぬの [누노] 천	ぬの
					ぬの	
ね	ね	ね	ね		ねこ [네꼬] 고양이	ねこ
					ねこ	
の	の	の	の		のり [노리] 풀	のり
					のり	

활용단어

なし	배	にく	고기
ねがい	소망	のり	김

8

は행

は	ひ	ふ	へ	ほ
[ha:하]	[hi:히]	[hu:후]	[he:헤]	[ho:호]
ハ	ヒ	フ	ヘ	ホ

は	は は は	はな [하나] 꽃	はな
			はな
ひ	ひ ひ ひ	ひと [히또] 사람	ひと
			ひと
ふ	ふ ふ ふ	ふね [후네] 배	ふね
			ふね
へ	へ へ へ	へそ [헤소] 배꼽	へそ
			へそ
ほ	ほ ほ ほ	ほし [호시] 별	ほし
			ほし

はは　(내)어머니　　ひも　끈
へや　방　　　　　　ほね　뼈

ま	み	む	め	も
[ma:마]	[mi:미]	[mu:무]	[me:메]	[mo:모]
マ	ミ	ム	メ	モ

				まめ [마메] 콩	まめ
ま	ま	ま	ま		まめ
み	み	み	み	みみ [미미] 귀	みみ
					みみ
む	む	む	む	むかし [무까시] 옛날	むかし
					むかし
め	め	め	め	め [메] 눈	め
					め
も	も	も	も	もち [모찌] 떡	もち
					もち

まめ	콩	みそ	된장
むり	무리	めいし	명함

や행

や		ゆ		よ
[ya:야]		[yu:유]		[yo:요]
ヤ		ユ		ヨ

や	や や や		やま [야가] 산	やま
				やま
ゆ	ゆ ゆ ゆ		ゆき [유끼] 눈	ゆき
				ゆき
よ	よ よ よ		よい [요이] 좋다	よい
				よい

▶ や행의 「い」단과 「え」단은 あ행의 「い」단, 「え」단과 같다.

いや	싫다	ゆめ	꿈
よむ	읽다	よる	밤

11

ら행

ら	り	る	れ	ろ
[ra:라]	[ri:리]	[ru:루]	[re:레]	[ro:로]
ラ	リ	ル	レ	ロ

				さら [사라] 접시	さら
ら	ら	ら	ら		さら
り	り	り	り	えり [에리] 깃	えり
					えり
る	る	る	る	さる [사루] 원숭이	さる
					さる
れ	れ	れ	れ	これ [코레] 이것	これ
					これ
ろ	ろ	ろ	ろ	ろば [로바] 당나귀	ろば
					ろば

활용단어

さくら	벚꽃	りんご	사과
はる	봄	ろうか	복도

12

わ행

わ

わ [wa:와] ワ		を [wo:오] ヲ		ん [n:응] ン

わ を ん	わ わ わ		わかい [와까이] 젊다	わかい
			わかい	
	を を を		これを [코레오] 이것을	これを
			これを	
	ん ん ん		はんたい [한따이] 반대	はんたい
			はんたい	

| | わるい | 나쁘다 | わらう | 웃다 |
| 활용단어 | わいろ | 뇌물 | わる | 나누다 |

13

ア행

ア	イ	ウ	エ	オ
[a:아]	[i:이]	[u:우]	[e:에]	[o:오]

				アイスクリーム [아이스꾸리-무] 아이스크림	アイスクリーム
ア	ア	ア	ア	アイスクリーム	
イ	イ	イ	イ	イギリス [이기리스] 영국	イギリス
				イギリス	
ウ	ウ	ウ	ウ	ウィスキー [위스끼-] 위스키	ウィスキー
				ウィスキー	
エ	エ	エ	エ	エア [에아] 공기	エア
				エア	
オ	オ	オ	オ	オアシス [오아시스] 오아시스	オアシス
				オアシス	

 활용단어

アカシア　아카시아　　エレベーター　엘리베이터

14

カ행

カ	キ	ク	ケ	コ
[ka:카]	[ki:키]	[ku:쿠]	[ke:케]	[ko:코]

カ	カ カ カ	**カメラ** [카메라] 카메라	カメラ		
			カメラ		
キ	キ キ キ	**キー** [키-] 열쇠	キー		
			キー		
ク	ク ク ク	**クッキー** [쿳끼-] 쿠키	クッキー		
			クッキー		
ケ	ケ ケ ケ	**ケーキ** [케-기] 케이크	ケーキ		
			ケーキ		
コ	コ コ コ	**ココア** [코고아] 코코아	ココア		
			ココア		

カカオ 카카오　　**コーヒー** 커피

サ	シ	ス	セ	ソ
[sa:사]	[si:시]	[su:스]	[se:세]	[so:소]

	サ	サ	サ		**サーカス** [사-까스] 서커스	サーカス
サ					サーカス	
シ	シ	シ	シ		**システム** [시스떼무] 시스템	システム
					システム	
ス	ス	ス	ス		**スイス** [스이스] 스위스	スイス
					スイス	
セ	セ	セ	セ		**セール** [세-루] 세일	セール
					セール	
ソ	ソ	ソ	ソ		**ソウル** [소우루] 서울	ソウル
					ソウル	

サイクル　사이클　　　**スキー**　스키

タ 행

タ	チ	ツ	テ	ト
[ta:타]	[chi:치]	[tsu:츠]	[te:테]	[to:토]

					タイ	
タ	タ	タ	タ		**タイ** [타이] 터국	タイ
						タイ
チ	チ	チ	チ		**チータ** [치-따] 치타	チータ
						チータ
ツ	ツ	ツ	ツ		**ツアー** [츠아-] 투어	ツアー
						ツアー
テ	テ	テ	テ		**テーブル** [테-부루] 테이블	テーブル
						テーブル
ト	ト	ト	ト		**トースト** [토-스또] 토스트	トースト
						トースト

タバコ　담배　　　トイレ　화장실

ナ행

ナ	ニ	ヌ	ネ	ノ
[na:나]	[ni:니]	[nu:누]	[ne:네]	[no:노]

ナ	ナ ナ ナ			**ナイフ** [나이후] 나이프	ナイフ
					ナイフ
ニ	ニ ニ ニ			**ニコチン** [니꼬찡] 니코틴	ニコチン
					ニコチン
ヌ	ヌ ヌ ヌ			**ヌード** [누-도] 누드	ヌード
					ヌード
ネ	ネ ネ ネ			**ネクタイ** [네꾸따이] 넥타이	ネクタイ
					ネクタイ
ノ	ノ ノ ノ			**ノート** [노-또] 노트	ノート
					ノート

활용단어

ナイトウエア 나이트웨어　　**ヌードル** 누들, 국수

ハ	ヒ	フ	ヘ	ホ
[ha:하]	[hi:히]	[hu:후]	[he:헤]	[ho:호]

ハ	ハ	ハ	ハ	**ハーブ** [하-부] 허브	ハーブ
				ハーブ	
ヒ	ヒ	ヒ	ヒ	**ヒール** [히-루] 힐	ヒール
				ヒール	
フ	フ	フ	フ	**ファン** [환] 팬	ファン
				ファン	
ヘ	ヘ	ヘ	ヘ	**ヘッド** [헷도] 머리	ヘッド
				ヘッド	
ホ	ホ	ホ	ホ	**ホテル** [호떼루] 호텔	ホテル
				ホテル	

 **ハイキング** 등산 **ヘアスタイル** 헤어스타일

19

マ행

	[ma:마]	[mi:미]	[mu:무]	[me:메]	[mo:모]
	マ	ミ	ム	メ	モ

マ	マ	マ	マ	**マグマ** [마구마] 마그마	マグマ
				マグマ	
ミ	ミ	ミ	ミ	**ミサイル** [미사이루] 미사일	ミサイル
				ミサイル	
ム	ム	ム	ム	**ムード** [무-도] 무드	ムード
				ムード	
メ	メ	メ	メ	**メキシコ** [메키시코] 멕시코	メキシコ
				メキシコ	
モ	モ	モ	モ	**モスクワ** [모스쿠와] 모스크바	モスクワ
				モスクワ	

활용단어   **マイク**   마이크   **メロン**   메론

ヤ		ユ		ヨ
[ya:야]		[yu:유]		[yo:요]

	ヤ ヤ ヤ		**ヤクルト** [야쿠루토] 야쿠르트	ヤクルト
ヤ				ヤクルト
ユ	ユ ユ ユ		**ユネスコ** [유네스코] 우네스코	ユネスコ
				ユネスコ
ヨ	ヨ ヨ ヨ		**ヨット** [욧토] 요트	ヨット
				ヨット

▶ ヤ행의 「イ」단과 「エ」단은 ア행의 「イ」단, 「エ」단과 같다.

　　　インスタント　인스턴트　　　ユニホーム　유니폼

ラ	リ	ル	レ	ロ
[ra:라]	[ri:리]	[ru:루]	[re:레]	[ro:로]

ラリルレロ	ラ ラ ラ		**ライオン** [라이옹] 사자	ライオン
			ライオン	
	リ リ リ		**リボン** [리봉] 리본	リボン
			リボン	
	ル ル ル		**ルーマニア** [루―마니아] 루마니아	ルーマニア
			ルーマニア	
	レ レ レ		**レモン** [레몽] 레몬	レモン
			レモン	
	ロ ロ ロ		**ロシア** [로시아] 러시아	ロシア
			ロシア	

ラーメン 라면　　　　レベル 레벨

ワ행 ワ

ワ	ヲ		ン	
[wa:와]	[wo:오]		[n:응]	

				ワイン	
ワ	ワ ワ ワ			[와잉' 와인	ワイン
				ワイン	
ヲ	ヲ ヲ ヲ				

				パン	
ン	ン ン ン			[팡] 빵	パン
					パン

내가 먼저 시작하는
주니어 일본어 펜맨십

펴낸이 문혜란
펴낸곳 국제어학연구소

출판등록 1999년 9월 9일 제03-01175호
주소 (140-846)서울특별시 용산구 원효로 1가 51-18호
Tel 02·704·0900 **Fax** 02·703·5117
홈페이지 www.bookcamp.co.kr

KB233862

아침30분
기적의 학습

아침30분 기적의 학습

초판 1쇄 인쇄 | 2010. 7. 15
초판 1쇄 발행 | 2010. 7. 20

지은이 | 이정
그린이 | 허현경
펴낸곳 | 자유로운상상
펴낸이 | 하광석
디자인 | 블룸

등록 | 2002년 9월 11일(제 13-786호)
주소 | 서울시 성북구 장위동 231-187 102호
전화 | 02-392-1950 팩스 | 02-363-1950
이메일 | hks33@hanmail.net

ISBN 978-89-90805-54-6 63810

· 사전 동의 없는 무단 전재 및 복제를 금합니다.
· 잘못 만들어진 책은 바꾸어 드립니다.
· 책 값은 뒤표지에 있습니다.

아침형 어린이
PROJECT

아침30분
기적의 학습

이정 글 | 허현경 그림

자유로운상상

 **차례**

 **1**장
이론편 - - - - - - - - - - - - - -

2장
실천편

3장
적용편

1장에서는 아침에 일찍 일어나는 생활습관의 중요성과 가치에 대해서 이야기하려고 해요.

아침에 일찍 일어나는 것이 늦게 일어나는 것보다 좋은 줄은 누구나 알면서도 막상 그것을 실천하기는 쉽지 않아요. 왜냐하면 무엇이 어떻게 좋은지 정확지 알지 못하기 때문이죠.

그래서 이 장에서는 그동안 막연히 '좋다더라' 하고 그냥 지나쳐 왔던 아침생활법의 중요성을 파헤치고, 반드시 기억해야 할 사항을 정리했어요.

왜 좋은지 자세히 알게 되면 스스로 아침형 생활법으로 바꾸려는 결심을 하는 데도 큰 도움이 될 거예요.

따라서, 아침에 우리 몸에서는 어떤 변화가 일어나는지, 아침에 일찍 일어나는 생활습관으로 바꾸기 위해 먼저 알아 두어야 할 것들은 무엇인지, 하루를 잘 보내는 것이 어린이 여러분의 미래를 가꾸는 데 어떻게 도움이 되는지를 알아 보기로 해요.

하지만 아무리 아침에 일찍 일어나는 것이 건강에도 좋고 학습능력 향상에 좋다 해도 그것을 실천하려는 의지가 없으면 소용없는 거, 다 아시죠? 즉, 지금까지의 게으른 생활방식을 부지런한 아침형으로 바꾸기 위해서는 할 수 있다는 자신감도 꼭 필요하다는 것을 잊지 마세요.

1장

성공하는 사람의 인생은
이른 아침에 결정된다
(이론편)

이른 아침,
창의력과 상상력이 깨어난다

01

"경수야! 아직도 꿈속이니? 얼른 일어나야지!"

아침마다 경수와 어머니는 일어나기 전쟁을 합니다.

"조금만 더요…… 엄마, 제발……!"

"오늘 아버지랑 세계 장난감 박람회에 간다고 하지 않았니?"

"아 맞다! 선착순으로 선물도 주는데!"

장난감 박람회 소리가 떨어지기가 무섭게 경수는 자리에서 벌떡 일어났습니다.

"호호호, 우리 늦잠꾸러기 경수를 이렇게 쉽게 깨우는

방법이 있었구나?!"

어머니는 헝클어진 털실 같은 머리에 눈을 빛내며 일어난 경수에게 빙긋이 웃으며 이렇게 말씀하셨습니다. 그제서야 경수는 아차 하는 생각이 들었습니다.

"엄～마아～! 박람회는 내일 모레부터잖아요! 어휴～ 속았어!"

경수는 본의아니게 일찍 일어난 것이 억울해서 울상이 되었습니다.

"그러게 매일 밤중까지 오락하지 말고 제발, 일찍 자고 일찍 일어나라고!"

'일찍 자고 일찍 일어나라'

이런 말 많이 들어 보았죠?

아침에 일찍 일어날 것을 강즈하는 속담이나 격언이 많이 있습니다. 몇 가지 예를 들어 보면, '일찍 일어나는 새가 먹이를 얻는다. 일찍 일어나는 사람이 멀리 간다. 일찍 자고 일찍 일어나는 어린이는 잘 자란다' 같은 것이 바로 그런 예지요. 이 격언들은 하나같이 아침에 일찍 일어나면 그렇지 않은 경우보다 훨씬 이롭고 도움이 된

9

다고 강조하고 있습니다.

그러면 아침에 일찍 일어나는 것이 우리에게 어떤 도움을 주는 걸까요?

아침은 우리의 뇌가 가장 활발하게 움직이는 시간대입니다. 따라서 푹 쉬고 일어났을 때는 온몸이 가뿐하고 힘이 나는 것처럼 우리의 뇌도 푹 자고 난 뒤에는 밤 동안 축적된 에너지로 인해 왕성하게 활동을 시작한답니다.

특히 좌·우뇌 중에서 오른쪽 뇌가 가장 활발하게 작용하는 시기가 바로 아침이에요. 이 오른쪽 뇌가 활발하게 활동을 시작하면 창의력이나 상상력이 풍부해집니다.

그리고 또 아침에는 명상을 할 때 나오는 뇌파인 알파(α) 파가 나와서 신경을 이완시켜 주는 역할을 해요. 알파파가 나오면 기억력과 창의력, 집중력이 매우 좋아진답니다.

따라서 아침에 일찍 일어나 신선한 공기를 들이마시는 것은 뇌에 영양제를 공급하는 것과 같답니다.

오른쪽 뇌와 왼쪽 뇌는
하는 일이 어떻게 다를까?

02

"오늘 우리 반에 경사가 겹쳤구나! 1주일 전에 본 수학 경시대회에서 우리 반 현석이가 최고 점수를 받았단다. 모두들 축하해 주어요. 그리고, 세연이도 지난 달에 열렸던 전국 어린이미술대회에서 금상을 받았단다. 자, 박수~!"

"우와~ 오우!!"

선생님의 말씀에 아이들은 모두 세연이와 현석이에게 환호 섞인 박수를 보내 주었습니다.

잠시 후, 박수치며 축하해 주던 한 아이가 짝꿍에게 속

삭였습니다.

"난 수학은 웬만큼 하는데 그림도 세연이처럼 잘 그렸으면 좋겠다!"

그러자 짝꿍이 이렇게 대답했습니다.

"수학 잘 하는 거하고 그림 잘 그리는 거는 능력이 다른 거야. 둘 다 잘 하기는 쉽지 않을걸?"

정말 그럴까요?

우리의 두뇌는 좌우 두 개의 뇌로 이루어져 있습니다. 그 중에서 왼쪽 뇌에는 언어중추라는 것이 있습니다. 이 언어중추는 언어 활동 즉, 문자나 숫자를 읽고 문장을 쓰는 일을 합니다. 그리고 복합적인 정보를 체계화해서 생각하는 일도 합니다. 그러니 왼쪽 뇌를 잘 활용하는 사람은 수학이나 과학 같이 분석적이고 논리적인 과목을 잘 하겠지요.

이에 비해 오른쪽 뇌는 그림을 감상하고 음악을 즐기며, 사물을 직관적으로 감지해서 전체 모습을 파악하거나 다양한 상상력을 동원해서 새로운 것을 만들어내는 창조력 등을 발휘합니다. 이처럼 오른쪽 뇌가 발달한 사람은 창의

력이 뛰어나고 사물의 판
단에서도 부분이 아닌 전
체를 고려할 줄 알고, 자신
의 감정에 충실하다고 해요.

그래서 오른쪽 뇌의 활
동이 활발한 사람 중
에는 예술적인 능력
이 뛰어난 경우가
많답니다.

여기서 중요한 한 가
지! 이처럼 창의적이
고 상상력이 풍부한
생각을 많이 하는 오
른쪽 뇌가 가장 활발
하게 움직이는

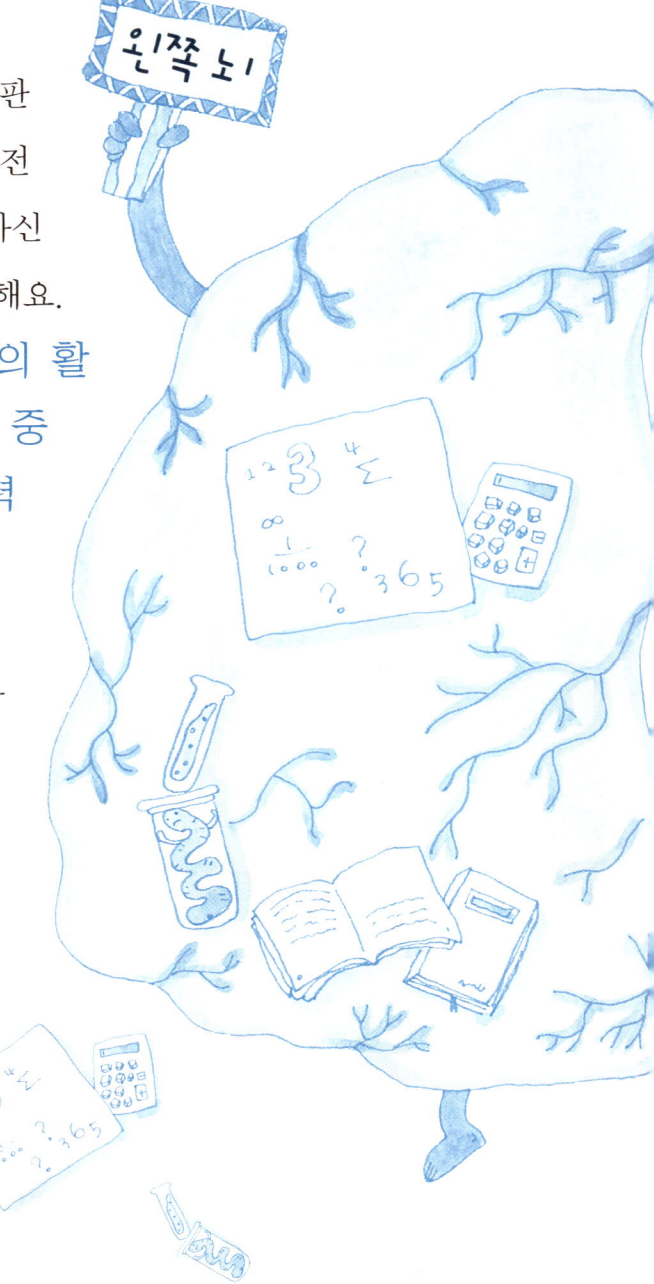

왼쪽 노ㅣ

14

오른쪽 뇌

시간이 언제일까요?

바로 이른 아침 시간이랍니다. 그러니 창의력과 상상력이 필요한 일은 이왕이면 아침 일찍 일어나 하는 것이 좋겠지요!

이제부터 우리의 뇌가 활발히 움직이도록 아침에 일찍 일어나 신선한 공기를 들이마시며 상쾌하게 하루를 시작하는 것은 어떨까요.

아침이 주는 선물-
건강과 집중력!

어떤 일을 집중적으로 해 내서 좋은 효과를 보려면 아침과 한밤 중 어느 시간대가 더 좋을까요?

대부분의 사람들은, 모두가 잠든 한밤중에 집중이 잘 된다고 이야기합니다. 아무래도 밤 시간은 낮보다 조용하니까 책을 읽거나 집중해서 공부하기에 훨씬 좋게 느껴져요. 정말로 머릿속에 쏙쏙 들어오는 것 같기도 하구요. 무엇이든 집중해서 해 낼 수 있을 것 같습니다.

하지만 그것도 아침 일찍 일어나 상쾌한 기분으로 책을 볼 때 발휘되는 집중력과는 비교도 안 된다고 해요.

왜냐구요? 이미 밤이 깊어 쌩쌩 달리던 자동차들도 쉬고, 텔레비전이나 라디오, 전화벨 소리도 울리지 않아 집 없는 고양이의 발자국 소리까지 들릴 정도로 조용해질 때쯤이면 우리의 뇌와 몸은 하루 동안의 쉼 없는 활동으로 인해 모두 지쳐 버리거든요. 하지만 긴 휴식을 끝내고 일어나는 **아침이 되면 우리 몸은 밤 동안의 휴식을 통해 새로운 에너지가 가득 차 올라 시력도 회복되고 머리도 맑아집니다.**

그런 이유로 해서 일찍 자고 일찍 일어나던 밤샘공부를 하는데 걸리는 시간의 1/3정도의 짧은 시간단으로도 집중력을 발휘해서 필요한 일을 해 낼 수 있다고 해요. 따라서 규칙적인 시간을 정해 남들보다 한두 시간 먼저 일어나면 가벼운 운동을 함으로써 건강을 얻을 수 있을 뿐 아니라 여유있게 독서나 학습을 할 수도 있어요. 그러면 맑아진 정신으로 인해 자신의 집중력이 놀랍도록 향상되는 것도 느낄 수 있을 거예요.

"어쩐지……. 아침엔 꼭 화장실에서 신문을 읽어야 머리에 쏙쏙 들어온단 말이야!"

아침 시간에 집중이 잘 된다니까 이렇게 날마다 화장실

에서 책이나 신문을 읽는 어린이도 있는데 정말로 아침엔 모든 정보가 머리에 쏙쏙 들어갈까요?

아침 시간대가 집중력이 좋은 것은 사실이지만 그렇다고 신문이나 책을 읽느라 화장실을 독차지하고 있다면 좋은 가족이란 소리는 못 듣겠지요. 뿐만 아니라, "앉은 김에 읽어 버리자."는 생각으로 신문 같은 읽을거리를 낱낱이 훑다 보면 정작 읽지 않아도 될 중요하지 않은 내용까지 읽느라 오히려 시간 낭비가 되어 버릴 수도 있으니 바람직한 일은 아니에요.

아, 그리고 더 중요한 사실 하나!

화장실 용무를 보면서 책이나 신문 등을 보는 습관은 *치질에 걸릴 위험을 자그마치 10배나 더 증가시킨다고 해요. 변기에 오래 앉아 있으면 중력 때문에 항문 주위 핏줄이 늘어나고 뭉쳐져서 치질 발생 위험이 높아진다는 사실, 잊지 말아요!

*치질 : 항문에 생기는 병으로, 항문이 찢어지거나 곪아서 화장실에서 고생스럽게 되죠.

아침 1시간이 저녁의 3시간보다 낫다?

"아무래도 공부는 밤중에 해야 잘 돼요! 다들 잠들어서 조용하니까!"

과연 그럴까요?

대부분의 어린이들은 물론 중고등학생, 대학생이나 어른들도 곧 닥쳐오는 시험공부를 시작하게 되면 새벽까지 공부한다는 계획을 세우곤 하죠. 정말로 밤 12시가 넘어가면 사람들이나 자동차들도 쥐죽은 듯 조용해집니다. 그러니 정말로 마음먹고 책을 펴면 얼마든지 공부를 할 수 있을 것 같아요. 그런데 꼭 그렇기만 할까요?

"오늘 저녁엔 밤을 새워서 시험공부를 해야지!"

이렇게 아무리 굳은 결심을 했어도 새벽 1시, 2시가 넘어가면 조금씩 눈꺼풀이 내려앉기 시작해요.

"아, 안 돼! 조금만 더, 조금만 더……."

하다가는 어느 순간 자기도 모르게 엎어져 잠이 들어 버려요. 그리곤 놀라 눈을 떠 보면 이미 아침이고 지각하기 일보 직전이에요! 정말로 해야 할 공부는 하지도 못한 채 그렇게 얼렁뚱땅 아까운 밤 시간이 지나가 버린 거예요. 이젠 울어야 할까요, 웃어야 할까요? 누구를 탓

할 수도 없어요.

'시간을 줄여서 벼락치기로 공부하면 되겠지' 하는 기대로 밤을 새워 보기도 하지만 그것도 며칠씩 계속하기는 힘들어요. 그리고 과연 그것이 효과가 있는지도 알 수 없구요.

시간을 효율적으로 활용하기는 아침시간이 좋아요. 아침 시간은 창의력은 물론 집중력이나 기억력도 하루 중 가

장 좋은 시간이니까, 밤중에 졸린 눈을 비벼 가며 두 개 세 개로 보이는 글씨를 해독하느라 애쓰지 않아도 돼요. 일단, 밤 10시가 되면 무조건 잠자리에 들어 평소의 수면시간만큼 자는 거예요. 아침이 되어 따르르릉~! 자명종이 울리면 얼른 일어나 후닥닥 세수를 한 다음에 책상에 앉아 공부를 하는 거예요.

처음에는 조금 힘들어도 여러분은 곧,

"좋아……. 머리에 쏙쏙 들어오는군! 기분도 좋아!"

그렇게 중얼거리며 기분 좋게 마지막 책장까지 넘길 수 있을 거예요. 그리고 나서 시계를 보니!! 시간이 아주 조금밖에 지나지 않았네요. 이게 어떻게 된 일이냐구요? 그건 바로, 집중력 때문이에요!

아침시간 5분 동안에 할 수 있는 공부의 분량은 밤시간 5분과는 비교할 수도 없어요. 밤 동안 우리 몸과 뇌가 충분한 휴식을 한 뒤라 아침에는 머리도 빨리 돌아가고 집중력도 아주 좋답니다! 그러니 밤에 몇 시간씩 억지로 잠을 참아가며 공부하는 것보다는 아침 일찍 맑은 정신으로 30분~1시간 정도 집중하는 것이 훨씬 효과가 크다는 것, 절대로 잊지 말아요!

하루를 앞서가려면
1시간 먼저 일어나라

05

역사적으로 훌륭한 일을 해 낸 사람들 중에는 평균적인 수면시간이라는 7~8시간의 절반에 불과한 3~4시간만 잔 사람도 적지 않아요. 반면 아인슈타인 박사 같은 분은 하루에 10시간씩 잠을 자고도 물리학자로서 훌륭한 일을 많이 하셨어요. 그러니 위대한 일을 한 사람은 모두 잠을 조금 잤다거나 많이 잤다거나 하는 원칙은 없다고 봐야겠죠. 다만, 그분들은 모두 자신의 생활습관에 맞는 수면시간을 유지한 것만은 틀림없어요.

"그럼, 나도 이제부터는 남들보다 일찍 일어나서 예습

도 하고 운동도 할 거야!"

　이런 결심을 하는 것은 좋지만, 무리를 해서 '남들보다' 무조건 일찍 일어난다는 것에만 집중한다면 그건 별 의미가 없어요. 갑자기 지금까지의 수면시간을 확 줄이는 것도 의미가 없지요.

　만약, 어제까지 8시간씩 잠을 자던 어린이가 내일부터 갑자기 4~5시간으로 줄인다면 어떻게 될까요?

잠자는 시간을 한 시간 앞으로 이동!

급히 먹는 밥이 체한다는 말이 있듯이, 그렇게 하면 우리 몸은 갑작스러운 변화에 당황한답니다. 그러므로 충분한 마음의 준비는 물론, 조금씩 생활습관을 바꾸어 가는 과정이 필요해요.

그래서 처음에는 30분 정도 일찍 일어나고, 조금 지나 내 몸이 그런 습관에 적응했다 싶으면 좀더 앞당겨 1시간 정도까지 일찍 일어나는 연습을 하는 것도 좋겠죠!

물론 잠자리에 드는 시간을 앞당기면 예전과 같은 시간 동안 잠을 자고도 그만큼 일찍 일어날 수 있을 거예요.

지금까지 밤 11시, 12시가 넘어 잠자리에 들고 아침 7~8시에 일어났었다면, 이제부터는 밤 10시, 적어도 11시에는 잠자리에 들어요. 그러면 충분히 자고도 새벽 5~6시면 잠자리를 박차고 일어날 수 있어요!

그렇게 되면 어제까지보다 무려 두어 시간이나 아침에 여유시간이 생기게돼요!

남들보다 여유있게 하루를 시작하면 적어도 30분정도는 무엇이든 집중해서 할 수있는 시간이 생겨요.

아침의 30분은 그 어떤 시간대 보다도 집중력이 좋거든요! 우등생이 되고싶다면 아침시간 30분씩만 투자해보세요.

그 시간동안 운동이나 숙제, 예습 등 어떤것을 하더라도 매우 능률적이라는 사실을 저절로 깨닫게 될거예요.

늦게 일어나 아침밥도 거르고 아침에 허겁지겁 학교로 달려가는 친구들보다는 훨씬 상쾌하고 알찬 하루를 시작할 수 있어요!

아침에 1시간 일찍 일어나기의 재미와 보람은 경험해보지 않은 사람은 절대로 알수 없을걸요?!

좋은 하루의 시작이
미래를 결정한다

06

아침 일찍 일어나면 운동도 할 수 있고 하루일과를 미리 점검하고 계획할 수도 있어요. 그런 습관은 평생을 가지고 가도 좋은 것이지요. 성실하고 알차게 생활하는 하루하루가 쌓여서 여러분의 미래라는 멋진 탑이 완성되는 거예요.

그렇지만 이제 막 아침에 일찍 일어나는 생활습관으로 바꾼 어린이 중에는 이런 생각을 하는 경우도 있을 거예요.

'왜 이렇게 힘들게 해야 되지? 그냥 밤늦도록 내가 하고 싶은 일을 하고 잠자고, 아침에도 학교에 지각하지 않을

정도로만 일어나서 후닥닥 달려가면 되는데······.'

하지만 게으름은 한 번 피우기 시작하면 금방 습관이 되어 버려요. 그러다가 다시 부지런해지려면 한층 더 노력이 필요하고요. 그래서 **습관이란 정말 무서운 것이랍니다.**

가끔 텔레비전을 통해 70~80세가 넘은 노인들이 청년들보다 더 건강하게 생활하는 모습을 본 적이 있을 거예요. 그분들은 젊은 시절부터 규칙적인 생활습관을 시작해 꾸준한 새벽운동 등을 실천함으로써 몸과 정신이 모두 건강한 삶을 유지하실 수 있는 거예요. 이처럼 노년의 건강

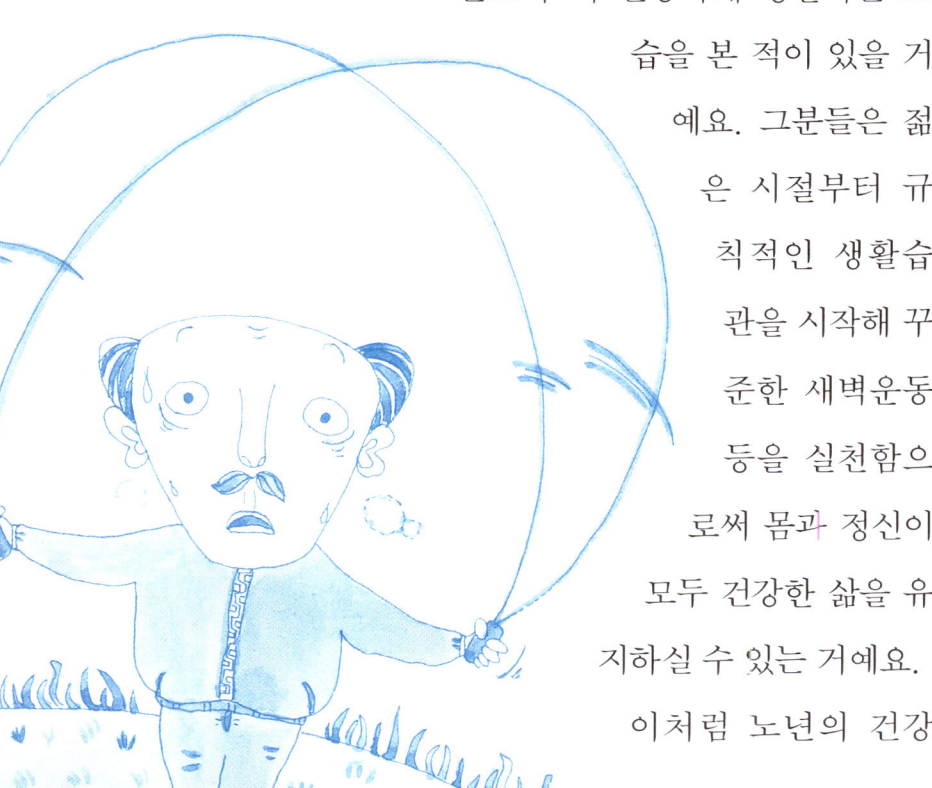

또한 어릴 때부터의 좋은 습관이 모여서 만들어지는 것이 랍니다.

사실, 이런 습관은 물론 하루아침에 이루어진 것이 아니 에요. 처음엔 시행착오도 겪고, 게으름을 피는 것이 당장 은 훨씬 편하고 행복하다고 생각할 수도 있어요. 하지만 그런 갈등을 이기고 **남들보다 1시간 먼저 잠자리 를 걷고 일어날 수 있는 습관은, 용기와 결 단력만 있다면 얼마든지 가질 수 있어요.**

게으름뱅이가 나라와 인류를 위해 훌륭한 일을 했다는 소리는 들어 본 적이 없어요. 오늘날 우리에

게 없어서는 안 될 전구와 축음 기를 비롯해 수많은 물건들을 발명한 에디슨은 학교 다닐 때 낙제생이었지만 이후에는 자 신의 호기심을 바탕으로 하 루에 3~4시간밖에 잠을 자 지 않으면서 훌륭한 일을 해 냈잖아요.

이처럼 인생에서 우등

생이냐 아니냐 하는 것을 꼭 학교성적만으로 따질 수는 없어요. 성적보다 중요한 것은 어떤 일을 하든 스스로 계획성 있게 하루하루를 알차게 보낼 줄 아는 성실함과 부지런함이 아니겠어요? 하루의 계획을 잘 세울 줄 알면 미래에 내가 무엇이 될 것인지, 어떤 일을 할 것인지 같은 목표를 향해서도 흔들림 없이 나아갈 수 있답니다.

그것은 바로 지금, 오늘 하루를 어떻게 시작하느냐에 달려 있다는 사실, 잊지 말아요!

몇 시에 자고
몇 시에 일어날까?

07

만약에 사람이 잠을 안 자고 버틴다면 얼마나 갈 수 있을까요?

하루 정도는 버틸 수 있을까요? 아니면 3일? 일 주일?

놀라지 마세요, 기네스북에 오른 기록에 의하면 가장 오랫동안 잠을 자지 않고 버틴 경우는 무려 18일 하고도 17시간이랍니다!

그렇다면 보통 사람들에게 가장 적당한 수면시간은 어느 정도일까요? 아침에 일찍 일어나려면 충분한 수면을 취하는 것이 무엇보다 중요할 텐데 말이에요.

잠은 우리가 취할 수 있는 휴식 중에서 가장 기본이 될 뿐 아니라 건강을 위해 가장 중요한 요소입니다. 뇌는 우리 몸의 전체적인 기능을 총괄하는데, 잠을 자는 동안에 뇌의 휴식이 이루어지거든요. 그래서 잠이 부족해지면 몸이 피곤할 뿐 아니라 불안하고 집중력이 떨어져서 다음 날의 생활에도 지장을 받게 됩니다.

그렇다고 **휴식을 취한답시고 잠을 무조건 많이 자는 것은 좋지 않아요.** 자신에게 맞는 적당 시간만큼 잠을 자는 것이 좋습니다. 적당한 수면시간이란 아침에 스스로 잠에서 깬 후 상쾌한 기분을 느끼며 곧바로 자리에서 일어날 수 있는 정도예요. 그리고 활동을 하는 동안에도 졸리지 않고 집중력, 기억력에 곤란이 없어야 하고요.

전문가들의 의견으로는 하루 평균 6~8시간을 자는 것이 적당하다고 하지만 이것은 전체적인 평균치일 뿐, 적당한 수면시간이란 한 마디로 내맘대로랍니다!

그럼 충분하게 내 몸이 원하는 만큼 자고도 아침 일찍 일어나 하루를 계획하려면 몇 시에 자고 몇 시에 일어나야 할까요?

일찍 일어나는 것이 좋다니까 지금까지 적당하게 자던 잠을 갑자기 줄이려고 해서는 안 돼요. 왜냐하면, 성장기에 있는 우리 어린이들에게는 잠을 충분히 자는 것도 건강한 성장을 위해 꼭 필요한 것이거든요. 여기서 말하는 일찍 일어나라는 것은 그러니까, 잠을 줄이라는 말이 아니라 자는 시간과 일어나는 시간을 조정하라는 말이에요.

예를 들어, 밤 12시에 자고 아침 7시~8시쯤에 일어나 아슬아슬하게 학교로 뛰어가는 버릇이 있었다면, 이제부터는 밤 10~11시에 잠자리에 들어서 아침 6~7시에 일어나도 잠자는 시간은 같으니 문제가 없다는 말이에요. 대신 이처럼 일찍 자고 일찍 일어나면 아침에 여유 있게 운동도 할 수 있고 공부도 할 수 있으니 여러 가지로 이득이 된다는 뜻이에요.

밤이다.
귀신들아,
일어나!

드라큘라
무덤

처녀 귀신
묘

그리고 아침에 공부를 하면 밤에 하는 것보다 집중이 잘 되니 짧은 시간 동안에도 효과가 좋다는 말이죠. 듣고 보니 그렇죠?

나의 시간은
내가 관리한다!

하루하루를 잘 보내기 위해서는 각자에게 맞는 시간관리가 필요해요. 하루 24시간은 누구에게나 공평하게 주어지는 것이지만, 이제까지와는 다른 새로운 시간관리가 필요하다는 것이에요. 왜냐하면, 사람들마다 상황이나 목표도 다르고 성취감이나 행복감의 크기도 모두 다르니까요.

그런데, 누군가 어떤 식으로 공부를 하고 생활계획표를 짜서 실행했더니 성적이 쑥쑥 오르고 경시대회도 휩쓸었다더라……하면 '아, 나도 한 번 그렇게 해 볼까?' 하고 무턱대고 따라하기 쉽습니다. 그러나 스스로의 필요에 의해

서가 아닌 남의 생활습관을 억지로
따라하는 것은 좋은 방법이 아니
에요. 남의 것을 그대로 따라하
다가 잘 안 되면 '난 원래 그래,
원래부터 게을러서 규칙적인 생활도

힘들고, 우등생이 되기는 틀렸어!'라
고 스스로를 탓할 수도 있어요. 그리고는, '에라 모르겠
다'하고 예전처럼 아무렇게나 자고 싶을 때 자고 늦잠에서
깨어 허겁지겁 하루를 시작하고 정신없이 허둥거리며 포
기해 버리기도 합니다. 그렇게 포기하고 '난 원래 그
래' 하고 인정해 버리고 나면 다 해결될까요?

　그렇지 않습니다. 누군가 먼저 만든 생활방식을 따라하
다 안 된다고 해서 내 자신이 능력이 없다는 증거가 되는
것은 아니에요. '인생에서 정해진 공식이란 없다.'는 말이

있듯이, '이렇게 해야 모범생이 되고 그렇지 않으면 열등생이다.' 하는 법은 없다는 말이지요. 그러므로 자신에게 맞는 생활습관과 계획을 제대로 지켜 나가면 누구나 모범생이 될 수 있다는 뜻입니다. 그것은 자신이 정말로 원하는 것을 먼저 깨닫는 데서부터 시작하는 것이구요.

'시간관리? 그게 뭐야? 그런 거 하지 않고도 지금까지 잘 지내 왔는데!'

하지만 이제부터 자신에게 주어진 24시간을 제대로 관리하고 계획표를 만들다 보면 공부 능률도 오를 뿐 아니라 늘 바쁘기만 했던 지금까지와는 다르게 자신만의 시간이 생겨나기도 할 거예요. 또 매일 얼굴 보기도 힘들었던 가족들과 대화할 수 있는 시간도 만들어져요.

즉, 시간관리를 잘 하면 남과 같은 하루를 남보다 여유 있고 건강하게 보낼 수 있다는 말이죠! 게다가 효율적으로 공부도 할 수 있는데, 효율적인 공부에 대한 노하우를 알려드릴까요?

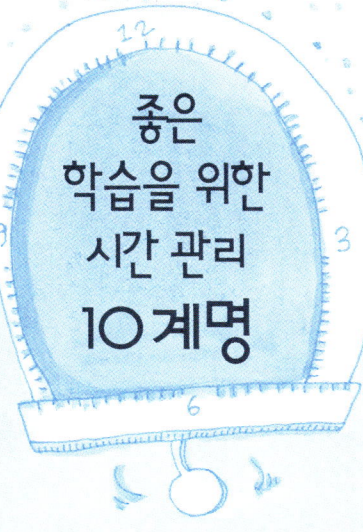

좋은 학습을 위한 시간 관리 10계명

1. 공부에 대한 두려움을 버리자.

2. 자신의 스타일을 정확히 파악하자.

3. 자기에게 알맞은 학습 스타일을 개발하자.

4. 구체적인 목표를 세우자.

5. 우선 순위로 두는 과목을 위해
   매일 특정한 시간을 할당하자.

6. 공부시간과 휴식시간의 리듬을 잘 맞추자.

7. 공부에 재미를 붙이자.

8. 변화있게 공부하자.

9. 수업시간을 효과적으로 이용하자.

10. 아침시간 30분을 활용하자.

'할 수 있다'는 자신감을 갖는다

09

이 책에서 말하고자 하는 것은 바로, 아침 일찍 일어나는 생활습관의 중요성과 효과예요. 즉, 규칙적인 생활습관을 갖게 되면 집중력을 비롯한 신체의 모든 기능이 활발하게 유지되어 공부를 하는 데도 훨씬 좋은 효과를 볼 수 있다는 것을 강조하고 있어요.

지금까지 덜 부지런하고 특별한 목적을 정하지 못한 채 허둥지둥 아침을 시작하고 하루를 보내 버렸다면, 이제부터 보다 새로운 생활습관을 통해 몸도 건강하고 학습효율도 높은 우등생이 되어 보아요.

그러기 위해서는 이제부터 이야기하는 여섯 가지 자신 감을 갖는 것이 중요하답니다.

- 자기 능력에 맞는 '목표'를 세우고 뜻을 이루기 위한 마음 자세 갖기

목표가 있어도 자신의 능력을 믿지 못하면 뜻을 이룰 수 없어요.

- 자신감 갖기

자신감이란 자신의 능력을 믿는 마음입니다. 스스로를

믿지 못하고 다른 사람 보다 못하다고 여기는 생각은 열등감을 불러 일으키고, 어려움에 닥쳤을 때 도전해 볼 용기조차 내지 못하게 합니다. 그러므로 스스로의 능력에 도전해야 해요.

● 신념 갖기

신념이란 결과에 대한 확신을 의미해요. 목표가 있고 자신의 능력에 대한 자신감이 있어도 결과를 믿지 못하면 용기 있게 밀고 나갈 수 없잖아요. 우리 어린이들은 아직 미래에 어떤 사람이 되고 싶은지 확정적으로 말할 수 없는

상태입니다. 왜냐하면, 어린이들의 꿈은 무한하고 가능성도 끝이 없으니까요. 꿈은 얼마든지 꾸어도 좋고 또 얼마든지 바뀌어도 괜찮습니다. 중요한 것은 언제나 자신의 꿈에 대한 신념을 갖는 것입니다.

● 모든 일에 감사하는 긍정적인 사고방식 갖기

좋은 일이 있을 때는 물론 절망 속에서도 감사하는 마음을 갖는 것은 쉽지 않아요. 하지만 목표를 향해 나아가는 과정에서 한두 번의 실패는 얼마든지 있을 수 있어요. 그때마다 낙심해서 포기하려 들 것이 아니라 무엇이 잘못이었는지 원인을 찾고 다시 시작할 수 있는 긍정적인 자세가 중요하답니다.

슈웅~

● 책임 의식 갖기

우리 어린이들은 아직 어리지만 항상 그 나이와 능력에 맞는 목표를 설정하고 스스로 최선을 다할 수는 있어요. 그러니 공부를 비롯해서 어떤 일이든지 결과에 대하여 자신이 책임지고 더 좋은 결과를 위해 노력하는 자세가 필요하겠지요.

● 인내심 갖기

인내란 '참고 견디어낸다' 는 뜻이에요. 그러나 인내심은 하루아침에 길러지는 것이 아니라 미래의 자기 모습을 향해 노력하는 동안 길러지는 것이에요. 알고 보면 성공한 사람들은 모두 인내심이 강하고 굳은 의지력을 가졌어요.

위와 같은 여섯 가지 마음가짐의 중요성을 항상 기억하고 미래의 자기 모습에 대하여 믿음을 가지고 열심히 노력하면 공부에서도 생활에서도 틀림없이 성공을 일구어 낼 수 있을 거예요!

15분 경과!

아침에 두뇌를 활발하게 움직이려면
무얼 먹어야 할까?

10

아침에 두뇌활동을 활발하게 하기 위해 가장 필요한 요소는 바로 아침 식사입니다. 잠을 자는 동안 뇌는 쉬지 않고 활동을 하기 때문에 아침에는 에너지가 소비된 상태가 되거든요. 그래서 아침에는 밤 동안 소실된 영양분을 반드시 충분히 보충해 주어야 한답니다. 그런데도 늦잠을 자거나 입맛이 없다는 이유로 아침을 거르면 충분한 영양분이 공급되지 못해서 뇌의 활동이 둔해지고 공부에도 집중력이 떨어지는 것은 물론이고 기억력, 이해력도 모두 낮아질 수밖에 없어요. 이제 하루 세 끼를 꼬박꼬박 챙겨 먹어야 하는 이유를 알겠죠?

그럼 뇌의 기능을 활발하게 하는 식품들은 어떤 것이 있을까요? 물론 모든 음식을 골고루 먹는 것이 중요하겠지만 그 중에서도 특히 우리 두뇌의 기능을 더욱 좋게 하는 식품들은 따로 있답니다.

● 두뇌발달을 돕는 단백질

한창 자라는 어린이들에게 꼭 필요한 영양소는 단백질이에요.

뇌의 발육은 생후부터 3살까지 급속하게 자라다가 5살이 지나면 속도가 느려진답니다. 이때, 단백질이 부족하면 신체발달이 제대로 이루어지지 않을 뿐 아니라 지능발달 또한 장해를 일으키게 된다고 해요.

따라서 단백질이 풍부한 쇠고기, 닭고기 등의 육류와 달걀, 생선, 두부, 콩나물 등을 충분히 섭취하는 것이 좋겠어요.

● DHA · EPA · 레시틴 · 비타민E

뇌가 활발히 움직이기 위해선 질 좋은 단백질 못지 않게, 충분한 산소를 함유하는 혈액이 꼭 필요해요. 뇌에 산소공급을 원활히 하려면 혈액에 노폐물이나 콜레스테롤, 지방 등이 쌓이지 않도록 해야 하는데, 이러한 작용을 하는 것이 바로 DHA · EPA · 레시틴 · 비타민E 등이죠.

뇌 성분의 원료인 DHA와 EPA는 고등어, 꽁치, 정어리 등 등푸른 생선에 많고 레시틴과 비타민 E는 호두, 땅콩, 잣, 밤, 호박씨 등의 견과류와 곡류의 씨눈 등에 풍부하게 들어 있어요.

● 비타민C

단백질의 흡수를 돕기 위해서는 비타민을 함께 섭취하는 것이 좋아요. 특히 비타민C는 스트레스를 없애 주므로 토마토, 당근, 오렌지, 파슬리, 아스파라거스, 레몬, 녹황색 채소와 과일, 야채 등으로 충분히 보충하는 것이 좋답니다. 또 미역, 다시마, 톳, 김, 우뭇가사리 등의 해조류에는 피를 맑게 하고 두뇌활동을 활발하게 해 주는 풍부한 비타민과 무기질이 성분이 들어 있답니다.

이 모든 것을 골고루 섭취하는 방법은 바로 무엇이든 가리지 않고 잘 먹는 것이라는 점을 잊지 마세요!

2장에서는 아침에 일찍 일어나 할 수 있는 활동 중 주로 어떤 일들을 어떻게 실천할 것인가에 대해 정리했어요.

이제 일찍 일어나는 생활방식이 왜 좋은가, 왜 그렇게 일찍 일어나야 하는가에 대해서는 잘 알았는데 그것을 실제로 행동에 옮기지 못한다면 그것은 정말로 안다고 할 수가 없는 거겠죠? 그래서 아는 것보다는 아는 것을 자기에게 맞게 얼마나 효과적으로 실행하느냐가 더욱 중요하다고 할 수 있어요.

아침에 일찍 일어나 시간을 활용할 수 있는 방법에는 운동도 있고 공부도 있어요.

이 장에서는 앞서 설명한 효과적인 아침형 생활법을 바탕으로 나만의 하루일과표를 구체적으로 짜 보고 아침에 할 수 있는 운동에는 어떤 것이 있으며 공부 효과를 높이기 위해서는 어떤 능력들이 갖춰져야 할 것인지에 대해 알아 보기로 해요.

2장

아침에 일찍 일어나는 어린이가

학업성적도 좋다

(실천편)

하루 일과표 작성하기

01

1장에서 하루하루가 얼마나 중요한 것인지 제대로 알고 나니까 단 한 순간도 그냥 흘려 보내기 아깝다는 생각이 들지 않나요? 앞서 시간관리의 중요성을 알았으니 이제는 미래의 기초가 되는 오늘, 바로 하루 일과 계획표를 짜 보는 건 어때요?

물론 일과표를 만들지 않아도 하루쯤이야 금방 지나가니까, 어떻게든 지낼 수 있어요.

음, 아침에 일어나서 허겁지겁 밥 먹고 학교 가서 온종일 공부하고, 학교 끝나면 오늘 가야 하는 몇 군데 학원을 돌고 집에 오면 어휴, 벌써 밤중이에요. 그럼 저녁밥 먹고 얼른 숙제하고 하루종일 하고 싶었는데 손도 못 대 본 게임 잠깐 하고…….

어! 벌써 12시가 다 되어가네……. 얼른, 내일 또 지각하지 않으려면 빨리 자야 돼요.

이렇게 말이죠. 그런데 이렇게 허겁지겁 하루를 지내고 나면 아무 생각도 들지 않을 것 같아요. 온종일 바쁘게 할 일을 다 했는데도 어휴, 어휴, 하는 한숨만 자꾸 새 나오는 이유는 뭘까요? 바로 자기가 하루 일과의 주인이 되지 못했기 때문이에요.

얼결에 아침이 되니 학교 갔다가 얼렁뚱땅 공부 끝나면 부랴부랴 학원으로……. 이래서는 늘 피곤하고 지치기만 할걸요. 하루하루를 알차게 산다는 것은 자기 삶의 주인이 된다는 뜻이에요.

즉, 꼼꼼하고 치밀하게 하루생활을 따져 시간을 배정하고, 시간의 중요성에 대한 이야기에도 있듯이 사소한 일보다 중요한 일을 먼저 처리하는 식으로 계획을 짜면 어떨까요? 그리고 자투리 시간을 활용하는 것도 정말 중요해요. 그렇게 알차게 하루를 지내고 밤에 잠자리에 들면 피곤해서 아무 생각이 나지 않을까요? 천만에요. 계획대로 하나하나의 항목에 의미를 부여하다 보면, 일과 중에서 내가 정말로 아무 생각 없이 지나쳐도 되는 일이란 없답니다. 그러니 잠자리에 들어도 무언가 뿌듯함이 남게 되고요.

자, 이제 여러분의 계획표는 스스로 세워야겠지요?!

앞에서도 여러 번 이야기했듯이 아침에 머리를 맑게, 집중력이 높아지는 습관들을 몸에 익힐 수 있도록 잠드는 시간과 일어나는 시간을 잘 정해서 효과적인 계획표를 만들어 보아요!

잊지 말 것은 늦어도 밤 11시에는 잠자리에 들어야 한다는 것이에요. 밤 11시에서 새벽 2시까지는 성장 호르몬이 나오는 시간대이니 그 시간에 충분히 깊은 잠을 자는 것이 어린이들의 성장에도, 그리고 건강에도 좋다는 것, 절대 잊지 말아요!

하루 일과표 만들기

〈예시〉

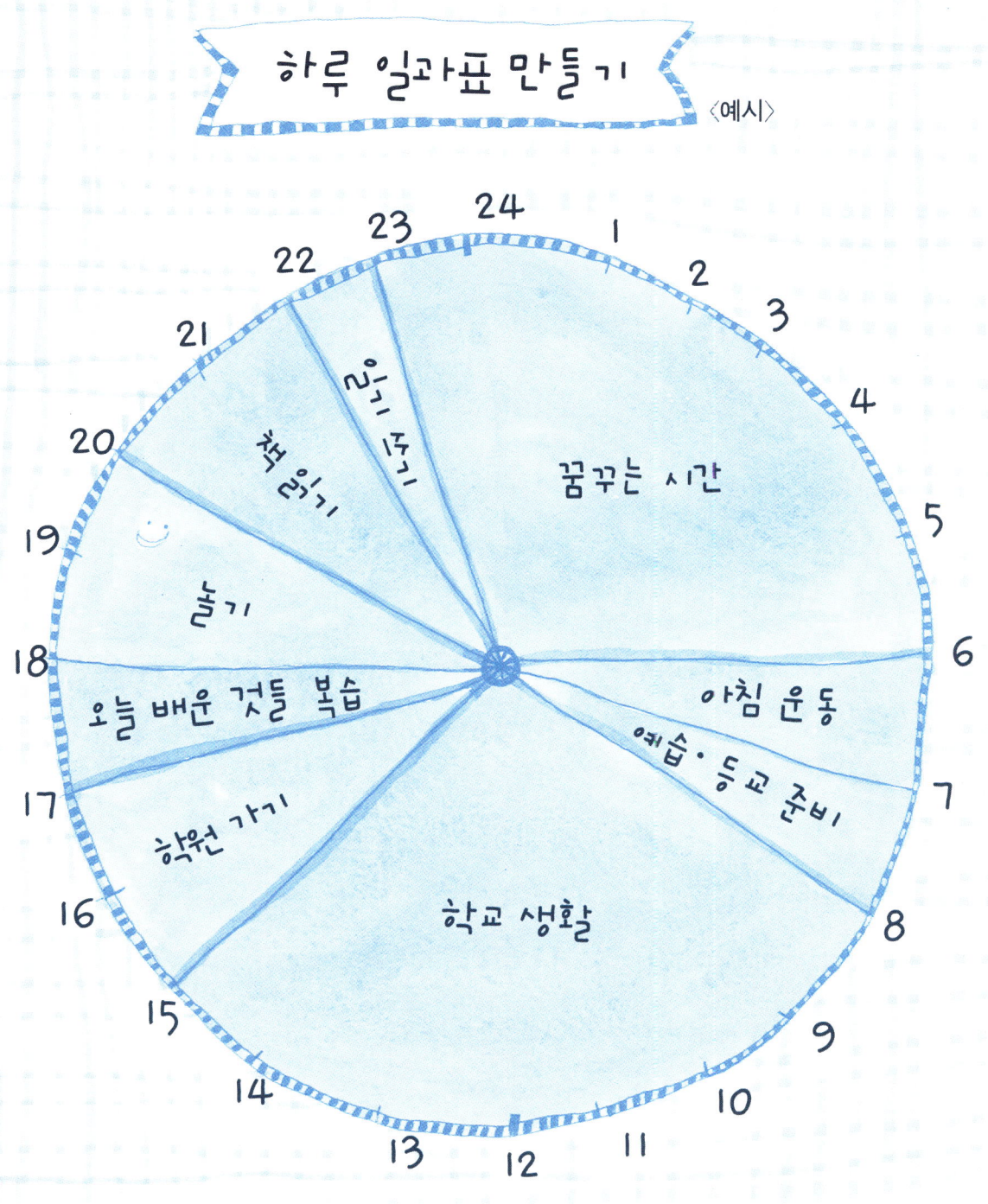

☆ 자! 이제 한 번 만들어 봐요! 꼭 지키는 거예요!

아침에 할 일, 저녁에 할 일

02

아침에 일찍 일어나는 생활습관으로 바꾸게 되면 갑자기 늘어난 아침시간을 어떻게 활용해야 할까 처음엔 어리둥절할 수도 있어요. 그러나 걱정하지 말아요. 아침에 할 일과 저녁에 할 일이 모두 따로 있으니까요.

그럼 아침에 일찍 일어남으로 해서 생긴 아침시간 활용 방법을 함께 생각해 볼까요?

● 아침을 이용해 학습하자

우리 어린이들은 한창 자라나는 꿈나무인지라 하고 싶

은 것도 많을 거예요. 그 중에서도 방과 후 바쁘게 찾아다녔던 과외학습 가운데 한 가지 정도는 아침시간으로 옮겨 오는 거예요. 예를 들면, 영어공부, 학습지 풀기, 글짓기, 혹은 어제 미처 못한 숙제 또는 예습 등등.

그러면 방과 후 시간 중에서 적어도 1시간 정도는 여유가 생기겠지요?

● 취미활동을 한다

그 다음으로 아침에 할 수 있는 일은 무엇이 있을까요? 취미활동을 할 수도 있어요. 취미라면 독서나 그림 그리기, 또는 피아노 연주, 종이 접기, 바둑 두기, 서예, 운동 등 여러분의 기호에 맞게 선택을 하면 좋아요.

앞에서도 여러 번 이야기했듯이 아침시간은 집중력이 좋고 두뇌회전도 빠를 때라 공부든 취미활동이든 저녁 때 몇 시간씩 하는 것보다 30분~1시간 정도만으로도 충분하답니다.

● 가족 유대 강화

또 아침 일찍 가족들과 함께 운동을 하다 보면 그동안

하지 못한 대화도 나눌 수 있어요. 고민이나 걱정거리도 쉽게 이야기하고 해결방법을 찾을 수도 있을 거예요. 서로의 하루 일과를 이야기하며 도움이 되는 이야기들을 주고받을 수도 있답니다. 이렇게 하면 가족들 간의 유대관계도 지금까지보다는 더욱 좋아지겠지요?

이렇게 아침에 일찍 일어나 여유있게 모든 일을 처리하고 등교하면 기분도 상쾌할 뿐 아니라 머리도 맑아서 공부도 더욱 잘 될 거예요. 그렇게 학교생활을 잘 하고 방과 후에는 필요한 과외수업도 즐겁게 받을 수 있겠죠.

그리고 집에 돌아오면 저녁 먹고 숙제를 하고 내일 시간표를 점검해서 미리 준비하고 가벼운 체조를 하고는 일찍 잠자리에 들어요.

　이처럼 아침 일찍 일어나는 생활방식으로 바꾸게 되면 가족 모두 건강뿐 아니라 화목함도 되찾을 수 있답니다.

나에게 맞는
생활습관이 중요하다!

03

일찍 자고 일찍 일어나는 생활습관을 기본으로 한 생활 계획표를 만드는 일은 중요해요. 하지만 누구에게나 절대적인 것은 아니에요. 어떤 사람은 아무리 해도 아침에 일어나는 것이 힘들어서 이런 계획표를 실천할 수 없는 경우도 있을 테니까요.

"난 너무 힘들어……. 아무리 일찍 잠자리에 들어도 아침엔 눈이 떠지지 않아……."

아무리 좋은 계획표라도 그것이 내 생활에 맞지 않으면 소용이 없어요. 자신의 의지가 강해서 스스로 하겠다고 마음먹은 것을 해 낼 자신이 있다면 바로 지금브터 실천해도 좋지만 그렇지 않다면 무작정 따라하지 않는 것이 좋아요.

그보다는 자신에게 맞는 계획표를 만들어 그것을 꾸준히 실천하는 것이 더욱 중요하답니다. 그리고 한두 번 계획표대로 하지 못했다고 해서 걱정할 필요도 없어요. 모든 일이 그렇지만 누구나 처음부터 잘 할 수는 없어요.

어린아이가 걸음마를 배울 때 수십수백 번 엉덩방아를 찧어야 하는 것처럼 익숙허질 때까지는 항상 실망과 근심이 따르게 마련이니까요.

새로 시작한 아침 운동습관이 서투르게나마 몸에 익고 나면 언제부턴가는 조금 더 이불 속에 있으려고 몸부림을 쳐도 그럴 수 없을 거예요. 생각과 달리 몸은 아침의 상쾌한 공기와 활력 넘치는 시간을 기억하고 있거든요.

좋은 습관은 처음 길들이기는 어려워도 일단 몸에 배고 나면 평생 유익한 것이랍니다. 이런 아침 성활법이 좋은 것은 알아도 혼자 하기 어렵게 생각된다면 가족들과 함께 하는 것도 방법이에요. 아니면 같은 동네에 사는 친구들끼리 함께 시작해도 좋아요.

"어, 영철이 나왔구나! 제시간에 일어났어?"

친구들 일어나!!

"그럼! 일찍 자니까 자명종보다도 내가 먼저 눈을 뜨게 됐어."

"맞아, 아침에 운동을 하니까 밥맛도 좋은 것 같고 저녁에도 잠이 잘 와. 게다가 운동하고 나서 샤워를 하면 몸이 가뿐해져서 기분이 좋아. 넌 안 그러니, 경수야?"

"나도 그래. 난 매일 다니던 영어학원을 그만두기로 했어. 대신 아침에 영어회화 테이프를 듣는데, 저녁에 학원에서 하는 공부보다 훨씬 머리에 잘 들어와! 엄마가 테스트해 보더니 그렇게 하라서!"

"좋겠다! 학원 하나가 줄었구나?"

"응! 덕분에 저녁에 내 자유시간이 좀더 늘어나게 됐어!"

이렇게 친구들과 함께 아침에 일찍 일어나는 생활습관
으로 바꾸게 되면 함께 나눌 이야기도 많고 더욱 정겨운
사이가 될 수 있을 거예요.

아침 운동은 왜 하나?

04

어렵게 결심을 해서 아침에 일찍 눈을 떴다면, 그 다음 엔 어떻게 해야 할까요? 사실, 아침에 일어나서 할 일을 정해 놓지 않는다면 아무리 일찍 일어나도 의미가 없어요. 공부를 하거나 어머니의 아침 식사준비를 도와드리거나, 운동을 하거나. 어떤 것이든 자기에게 필요한 일을 정하면 돼요.

만약에 아침운동을 하는 것으로 정한다면, 어떤 운동을 하면 좋을까요?

운동 종목을 선택할 때에 무엇보다 중요한 것은 '안정

성' 이에요. 운동 효과가 높고 안전한 운동에는 걷기, 달리기, 수영, 자전거 타기, 체조 등이 있어요. 이런 운동들의 장점은 다칠 위험이 적고, 자신의 능력에 맞게 운동량을 조절하기가 쉽다는 것이에요.

다양한 운동 종목 중에서 나에게 부담 없는 운동으로는 어떤 것이 좋을까요? 수영, 테니스, 검도? 물론 더 어릴 때 이런 운동을 해 본 경험이 있다면 다시 하기가 그리 어렵지 않겠지만, 수영을 처음부터 배워야 하고 검도의 칼 쥐는 법부터 배워야 할 정도라면 고민할 필요 없어요, 조깅을 하면 되니까. 아, 너무 거창한가요? 하지만 말이 조깅이지, 말하자면 우리 동네 한 바퀴를 가볍게 달리기 하는 거예요. 가벼운 운동화와 편한 복장이면 되니까요.

그렇다면 아침운동의 장점은 무엇일까요?

아침운동의 장점이라면 우선 매일 일정한 시간에 일어나서 생활을 시작할 수 있어서 자연스레 규칙적인 생활을 할 수 있다는 것입니다. 대개 아침운동은 이른 아침시간에 하니까 신선한 공기를 마시게 되죠. 따라서 가볍게 움직이는 정도의 운동이라 해도 우리 몸의 산소공급을 원활하게 해 준답니다.

그런데 아침운동을 할 때 주의할 점도 있어요. 즉, 아침운동을 하는 시각은 식사 전이라 전날 저녁식사 이후로 속이 빈 상태이므로 무리한 운동은 좋지 않아요. 그리고 '운동을 했으니 아침부터 많이 먹어도 된다' 는 생각으로 아침부터 과식이라도 한다면 아침운동이 오히려 해가 될 수 있으므로 특히 주의해야 한답니다. 하지만 아침운동 전과 후에 우유나 물 한 잔을 마셔 두면 식사 전이라 해도 운동하느라 지치지 않고, 아침 식사 때도 과식을 막을 수 있어요.

그런데 운동은 꼭 이렇게 아침에 해야만 할까요?

의학적으로도 아침운동이 저녁운동보다 좋다거나 하는 특별한 증거는 없어요. 또 아침에는 게을러서 일찍 일어나지 못하는 사람도 있잖아요? 그러니 굳이 아침을 고집할 필요는 없어요. 많은 사람들이 아침에 운동을 하기는 하지만, 중요한 것은 매일 거르지 않아야 한다는 것이죠.

이렇게 매일 같은 시간에 운동을 하면 건강은 물론 의지력도 기를 수 있으니까요!

아침에 좋은 운동-걸기

05

아침에 할 수 있는 여러 가지 운동 중에서 가장 쉽게 시작할 수 있는 것에는 걷기나 달리기, 체조 등이 있어요.

그 중에서 걷기는 우리가 생각하는 것보다 훨씬 많은 에너지가 소비되는 운동이에요. 그래서 약 30~40분 정도 걷는 것만으로도 200kcal 정도의 에너지를 소비할 수 있어요. 참고로, 밥 한 공기의 열량이 대략 200~300kcal라고 해요.

물론 하루종일 우리가 걸어다니는 시간을 통틀어 생각하면 누구나 그 정도는 다 할 거예요. 하지만 두뇌활동이나 신체 자율신경의 활동이 가장 활발한 이른 아침에 걷는 것이 지치고 피곤한 상태로 걸어다니는 것보다 훨씬 효과적이겠지요. 특히 이른 아침에는 비교적 깨끗한 공기를 마실 수 있으니까 운동효과도 배가 된답니다!

아침 일찍 일어나 숲이 우거진 산책로나 공원을 걷거나 달리면 상쾌한 기분을 느낄 수 있는데 그건 바로 '피톤치드'라는 물질이 나오기 때문이에요. 피톤치드는 '식물에 함유되어 있으면서 미생물의 번식이나 생장을 억제하는 모든 물질'이므로 숲의 공기에는 자연히 이 물질이 많이 떠다니겠지요. 그래서 숲 속을 산책하는 동안 무의식 중에 우리 몸에 피톤치드가 흡수되는 거예요.

이 피톤치드는 대뇌피질을 활성화시키고, 스트레스의 완화, 피로회복 등의 효과가 있다고 해요.

따라서 나무와 풀이 있고 숲이 우거진 산이나 공원이면 좋겠지만, 꼭 그렇지 않더라도 상대적으로 자동차가 많이 다니지 않는 동네 길목을 산책로로 정해도 좋아요.

숲이든 아니든, 이른 아침에 활동하면 인체 면역성을 높여 주는 호르몬 분비도 많아지고 생명활동도 왕성해져서 건강에 좋은 것은 틀림없으니까요.

특히 걷기는 운동부족을 해소할 뿐 아니라 뇌세포를 자극하고 혈액의 순환을 도와 뇌에 충분한 산소를 공급해 준답니다. 게다가, 걸을 때 손발을 앞뒤로 움직이는 행동은 심장활동을 돕는다고 해요. 특히 발은 심장과 혈관을 건강하게 유지하기 위해 우리 몸에서 매우 중요한 부분이에요.

이처럼 걷기는 건강에 좋은 운동일 뿐 아니라 나이에 상관없이 누구나 어디서나 쉽게 시작할 수 있어요.

어때요? 이왕에 아침운동을 시작한다면 억지로 할 것이 아니라 건강에도 도움이 되도록 빼먹지 않는 게 좋겠죠? 적어도 1주일에 3일 이상, 5일 정도로 40~60분 정도씩 하는 것이 좋아요.

운동을 하기 전에 물이나 우유를 한 잔쯤 마시고 20여 분이 지난 후에 천천히 시작하는 게 좋겠어요. 혹, 아침에 배가 고플까 봐 음식을 먹고 즉시 운동을 하면 소화장애를 일으킬 수 있거든요.

아침에 좋은 운동 - 달리기

06

조깅(jogging), 즉 달리기도 아침에 좋은 운동이에요. 달리기를 꾸준히 오래 하게 되면 40km가 넘는 마라톤에도 도전할 수 있어요. 그러나 여기서는 매일 아침에 건강을 위해 꾸준히 할 수 있는 달리기에 대해 알아보도록 해요.

모든 운동이 마찬가지지만 달리기도 즐거운 마음으로 해야 한답니다. 하기도 싫은데 억지로 해야 한다면 그것은 운동이 아니라 노동이니까요. 따라서 아침운동 종목을 달리기로 정했다면 주의점과 장점들을 먼저 알아 두는 것이 좋겠어요.

우선, 달리기를 즐겁게 하려면 폐활량(숨을 한 번 들이쉬고 내쉴 때 폐에 출입하는 최대의 공기량)이 늘어나야 하고 몸의 관절이나 근육도 달리는 데 적응되어야 해요. 그렇지만 우리 몸의 기능과 구조는 하루아침에 변하는 것이 아니므로 꾸준히 규칙적으로 하는 것이 중요합니다.

또 달리기를 하면 근력과 지구력이 좋아져서 신체활동 능력이 증가될 뿐 아니라, 평균수명을 높여 주어 어른이 되어서도 고혈압, 동맥경화, 심장병과 같은 성인병을 예방할 수 있어요.

그럼 달리기를 시작하면 가장 먼저 달라지는 신체의 변화는 뭘까요?

심장의 펌프기능이 좋아지니까 심장박동수가 줄어든다는 것입니다. 즉, 달리기를 하면 맥박수는 감소하지만 심장이 한 번에 뿜어 내는 혈액량이 증가함으로써 혈액순환이 좋아진다는 뜻입니다.

이렇게 하루 이틀 달리기를 하다 보면 내 몸이 점점 좋아지는 것을 느낄 수 있게 될 거예요. 그렇지만 날씨가 너무 덥거나 추울 때는 하지 않는 것이 좋고, 무릎, 발목 등의 관절이 안 좋은 사람은 매우 조심해야 해요. 삐끗하면 관절에 무리가 갈 수 있으니까요.

그리고 초보자들이 달리기를 시작할 때에는 걷기와 뛰기를 병행하다가 익숙해지면 본격적으로 달리는 것이 좋다고 해요. 이유는 다 아시죠?

안 뛰던 사람이 갑자기 무리해서 달리기 시작하면 다칠 수도 있으니까요. 미국 보건복지부가 발표한 초보자의 운동지침에도, '달리면서 옆 사람과 간단한 대화는 할 수 있으나 노래는 할 수 없는' 정도가 적당하다고 해요.

또한 운동 후 충분한 잠을 잔 뒤, 근육통
이나 피로감이 남지 않을 정도의 운동량
이 적당하다고 합니다.

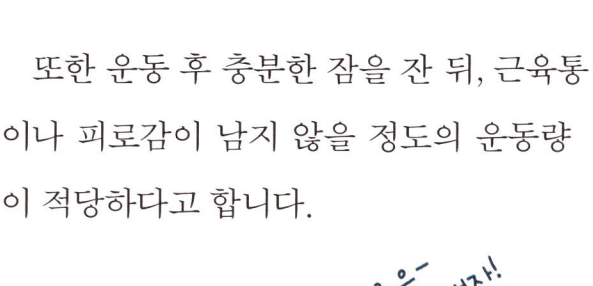

아!
개운해!

으으-
힘을 내자!

어떤 운동이든
무리하지 않는 것이
중요할 것 같아요. 그리
고 적어도 1주일에 4회 이상
꾸준히 달려야 건강에 도움이 된
다고 하니까 일단 시작하고 나면 빼먹
지 말아야 해요!

아침에 좋은 키 크기 체조

07

아침 잠을 깨우는 부모님과 어린이의 대화입니다.

"아, 더 자고 싶어……. 체조를 왜 꼭 아침에 해야 돼요?
나중에 하면 안 되나……?"

"무슨 소리야? 너 키가 안 커서 고민이라며? 키 크기 체
조는 아침에 해야 효과가 있는 거야. 얼른 일어나!"

"키는 밤에 큰다고 하던데요? 밤에 자기 전에 키가 크는
체조를 해야 되는 거 아니에요? 잠은 아침까지 충분히
자고 말이에요."

아침 잠의 달콤함에 길들여진 어린이들이라면 얼마든지 이런 생각을 할 것입니다. 하지만 체조는 가능하면 아침에 조금 일찍 일어나 하는 것이 좋답니다. 더구나 체조를 함으로써 키가 조금이라도 더 커질 수 있다면? 당장 이불을 걷어차고 일어나야겠죠?

우리의 키는 아침과 저녁, 언제 더 많이 자랄까요?

흔히 잠을 자는 동안 키가 자란다고 이야기합니다. 그래서 잠을 충분히 자야 키도 쑥쑥 큰다고 하지요. 그렇지만 사실은 아침에 키가 더 자란다고 합니다. 실제로 키를 재어 보면 아침과 저녁에는 1~2cm의 차이가 있다고 해요.

일어나!

그것은, 하루종일 긴장해 있던 근육이 밤에 잠을 자는 동안에 풀어지고 성장 호르몬도 활발하게 분비되면서 척추의 *성장판이 늘어나기 때문이라고 합니다. 그래서 밤 사이 충분히 키가 커질 수 있는 조건이 만들어진 후, 바로

*성장판 : 뼈의 길이 성장이 이루어지는 곳.

그럼!

나도 기린처럼 키가 크는 거야?

아침에 일어나 키를 늘리는 체조를 해 주면 효과가 아주 좋다는 것이죠.

따라서 잠자리에서 일어났을 때 키를 늘리는 체조를 하는 것이 다른 시간에 하는 것보다 훨씬 효과적입니다. 어떤 운동이든 마찬가지지만 이런 키 크는 체조 역시 하루 이틀이 아니라 꾸준히 해 주는 것이 좋습니다.

또한, 키를 늘리는 효과를 기대할 수 있는 다른 운동에는 수영, 배구, 농구, 테니스 등도 있어요. 그런데 이런 운동은 특별한 시설이 필요하죠.

체조는 특별한 설비나 공간 없이도 얼마든지 할 수 있으며 경제적인 부담도 없습니다. 일단 방법만 익히고 나면 언제 어디서나 할 수 있는 운동이 체조입니다.

그럼, 반대로 키 크는 데 도움이 안 되는 운동도 있을까요?

대부분의 운동은 우리에게 건강을 줍니다. 하지만 역도, 유도, 마라톤, 럭비, 기계체조 등은 키 크는 데 도움이 되지 않는다니 키 때문에 특히 고민하는 어린이는 알아 두는 것이 좋겠어요.

이렇게 하면
집중력이 높아진다!

08

아침은 밤 동안 휴식을 취한 몸과 뇌의 활동이 원활해지면서 집중력도 매우 좋아지는 시간대입니다. 그래서 밤샘 공부를 하는 것보다 아예 일찍 자고 일찍 일어나는 것이 집중적으로 공부하는 데 훨씬 도움이 된다고 앞에서 이야기했죠?

그 외 평소에 집중력을 높이는 방법을 알아 두면 공부할 때도 좀더 효과적이겠죠? 평소에 집중력을 높이는 방법에 대해 알아 볼까요?

● 스스로 할 수 있다는 믿음 갖기

집중력을 높이는 데 있어서 가장 중요한 것이 자신감이라고 할 수 있어요. 머릿속에 미래의 자기 모습을 그려 보면서 해 낼 수 있다는 자신감을 가지면 집중력이 샘솟아요.

● 막바지 효과 이용하기

이것은 어떤 공부를 몇 시간, 또는 언제부터 언제까지 끝내겠다고 정하는 것이에요. 다른 일들도 그것에 맞추어 계획을 세우면, 현재의 과제에 집중하게 된답니다.

● 한 가지씩 끝내려고 물고 늘어지지 말고 다른 일 섞어서 하기

누구라도 같은 일을 오래 계속하면 집중력이 떨어지게

마련이니까, 한번에 집중할 수 있는 시간만큼씩 다른 일이나 다른 공부를 섞어서 하는 거죠. 그렇지 않고 '얼른 빨리 해치워야지' 하는 생각으로 몇 시간씩 같은 공부나 일을 하다가 싫증이라도 나면 그땐 끝이잖아요.

● 자기에게 맞는 목표 정하기

자신의 능력을 따져 보지도 않고 너무 무리한 목표를 세우면 마음에 부담이 생겨서 의욕도 집중력도 낮아져 버려요. 그러니 먼저 자신의 능력에 맞는 목표부터 차례로 도전하는 것도 집중력을 잃지 않는 한 방법이에요.

● 틈틈이 기분 전환하기

학교에서도 수업시간과 휴식시간이 번갈아 있는 것처럼 혼자 공부나 어떤 일을 할 때도, 집중하는 시간이 20분이라면 5~10분 정도는 휴식을 취하는 것이 좋아요. 또 장

소를 얼른 바꿔 보는 것도 방법이에요.

● 걱정거리 빨리 없애 버리기

꼭 해야 할 일을 하기 전에 걱정거리가 있거나 마음이 안정되지 않으면 집중이 되지 않을 테니까요.

● 집중이 잘 되는 환경 스스로 만들기

마지막으로, 자기가 어떻게 해야 그 일에 집중할 수 있는지는 자기가 제일 잘 알고 있겠죠?

그런 환경을 만들어 보세요. 그러면 마음이 안정되어서 집중도 잘 될 거예요.

그리고, 평소 건강관리도 중요해요. 몸이 아프거나 기운이 없으면 아무리 다른 조건이 좋아도 집중이 잘 안 되겠지요.

이렇게 아무리 훌륭한 비법이 있어도 가장 중요한 것은 스스로 할 수 있다는 마음가짐이겠죠?!

인내심을 기르려면 이렇게!

09

국어사전에 보면, 인내심이란 '참고 견디는 마음'이라고 풀이되어 있어요.

아, 정말 쉽네요. 무조건 참고 견디면 된다는 뜻일까요? 하지만 인내심을 갖는 것은 말처럼 쉽지가 않아요. 쉬운 예로, 아침에 일찍 일어나는 생활습관으로 바꾼 뒤에도 그것을 꾸준히 지켜 나가기 위해서는 인내심이 필요하니까요. 왜냐하면 매일 아침마다 좀더 자고 싶은 유혹을 이겨 내야 하기 때문이죠. 그리고 공부를 할 때도 당장이라도 뛰쳐나가 놀고 싶은 마음, 오락 한 판만 먼저 하고 싶은 마음 등을 참아 내고 현재 자기가 할 일에 집중해야 하니까요. 바로 그런 순간에 인내심을 발휘하기란 쉽지 않아요.

요즘은 초등학교, 아니 유치원 시절부터 영재교육이다 예능교육이다 해서 수많은 어린이들이 여러 가지 공부를 일찍부터 시작하는데, 왜들 그럴까요?

현대사회는 경쟁사회이기 때문이에요. 모두 다 같이 잘해서 모두 모범생이 되고 우등생이 되면 좋을 텐데, 점점 학년이 올라갈수록 남보다 조금이라도 잘 하고 좋은 위치를 차지하기 위해 싸워야 하는 거지요. 이렇게 치열한 경쟁에서 이기기 위해서는 인내심이 필요하답니다.

즉, 아무리 남보다 뛰어난 재능이 많아도 인내심이 없으면 좋은 결과를 얻을 수 없고 자기 능력만큼의 열매를 맺지 못하게 될 수 있어요.

어떻게 하면 인내심을 기를 수 있을까요?

● 분명한 목표를 세우기

어떤 일을 하든지 목표를 정하고 시작하면 그렇지 않을 때보다 훨씬 참고 이겨내기가 쉽잖아요. 예를 들어, 등산을 시작하면 정상까지는 오르는 게 목표이듯이 스스로 공부계획을 세울 때 그 공부를 왜 하는지 스스로 알고 시작하면 끈기와 인내심을 발휘할 수 있게 된답니다.

● 지금 당장 해결해야 할 문제에 대해서만 집중하기

오늘 해야 할 숙제가 너무 많아서 한꺼번에 신경을 쓰다 보면 정작 아무것도 제대로 해결이 안 될 수 있어요. 그러니 순서를 정한 다음, 한 가지씩 집중해서 해결하는 것도 인내심을 기르는 데 도움이 될 거예요.

● 자기 자신을 이기기

참고 이겨 낸다는 것은 결국 다른 누구도 아닌 자기 자신과의 싸움에서 이겨야 한다는 말이거든요. 지금 해야 할 공부보다 재미있는 수많은 유혹들을 이기는 것이 자기 자신을 이기는 것이에요. 휴식시간에는 머리를 식히기 위해

게임을 하다가도 다시 공부할 시간이 되면 미련 없이 떨쳐
낼 줄 아는 강한 의지와 용기도 인내심을 기르는 데 도움
이 될 거예요.

● 좋은 취미 갖기

여기서 말하는 좋은 취미란 집중력과 인내심을 기르는
데 도움이 되는 것인데, 예를 들면 독서나 운동, 바둑 두기
등 정신을 한 곳에 모아서 해야 하는 활동은 꾸준히 하면
인내심을 기르는 데 효과적이에요.

이처럼 인내심을 기르면 하루하루 규칙적인 생활습관
을 유지하는 것은 물론 우
등생이 되는 것도 시
간문제랍니다.

호기심은
창의력의 아버지

10

어린이 여러분, 나는 과연 앞에서 얘기한 것들 중에서 몇 가지나 갖추었는지 한 번 되돌아볼까요? 하나하나 따져 보니 그 모두를 갖춘 어린이도 있을 것이고 그렇지 못한 경우도 있을 거예요. 하지만 실망하지는 말아요. 그것은 굳이 정리해서 뽑아 보니 그렇다는 것이지 그런 마음자세를 갖추지 못했다고 해서 앞으로 우등생이 되거나 미래의 목표를 이룰 희망이 없다고는 아무도 말할 수 없답니다.

왜냐하면, 인생이라는 것에는 정답이 없기 때문이죠. 정

답이 없으니 누가 옳고 누가 그른 것도 없어요. 대신 이 책에서 이야기하는 것들은 이왕이면 갖추는 것이 어린이 여러분의 공부목표나 생활목표, 나아가 미래의 목표를 향해 노력하는 데 도움이 될 거라는 이야기입니다.

　그런데 1장에서 이야기한, 할 수 있다는 자신감 여섯 가지 외에도 공부를 하는 데 도움이 되는 또 한 가지가 있어요. 바로 창의력이에요. 창의력이란 '왜?' 라는 호기심에서 출발하는데, 쉬운 말로 해서 남과 다른 생각을 하는 능력, 독창적인 아이디어를 낼 수 있는 남다른 생각이에요.

이런 창의력은 오늘날 문명을 발전시키는 원동력이 되었다고 할 수 있어요.

자동차, 비행기, 전화, 전구, 컴퓨터, 로봇 등등 무수한 문명의 편리한 도구들이 바로, '어떻게 하면 사람들의 생활을 좀더 편리하게 할 수 있을까? 하는 호기심과 관심에서 출발해 탄생한 것들이니까요.

호기심이 왕성해서 발명가가 된 대표적인 인물이 바로 토머스 에디슨이에요.

에디슨이 발명가로 성공한 이유는 언제나 사물과 현상에 호기심을 가지고 수많은 질문을 던졌기 때문이에요.

에디슨은 사물을 보면 '왜 그럴까?', '어째서 그럴까?', '저것은 무엇일까?'를 항상 궁금해했답니다. 바람이 부는 것, 비가 오는 것, 별이 빛나는 것에 이르기까지 에디슨은 모든 것이 궁금했어요.

이처럼 끝없는 호기심에서 시작된 실험정신과 도전정신, 그리고 노력이 낙제생이었던 에디슨을 위대한 발명가로 변화시켰던 거예요!

어린이 여러분도 이와같이 왕성한 호기심을 억누르지 말고, 항상 궁금해하고 새로운 생각을 해내는 것을 두려워하지 말아야 합니다. 혹, 너무나 엉뚱한 발상을 하는 것에 대해 이해를 잘 못하는 사람들은 여러분을 비웃거나 무시할지도 몰라요.

하지만 바로 그 엉뚱함이 남보다 한 발 앞서 세상을 내다보는 힘이 될 수 있다는 것도 잊지 마세요!

머리가 좋아지기 위해 지켜야 할
다섯 가지 식습관

11

 아침에 두뇌를 활발하게 하기 위해 아침식사를 꼭 하는 것이 중요하다는 것은 이제 모두 잘 알았죠? 그럼 머리가 좋아지는 식습관도 있을까요? 그 정답은 한 마디로, 하루 세 끼를 꼬박꼬박 챙겨먹는 것이랍니다.

● 아침은 꼭 챙겨먹기

 아침밥을 먹지 않으면, 전날 저녁식사를 한 뒤 다음 날 점심 때까지 약 15시간 이상 아무런 영양도 공급받지 못한 상태가 되는 거예요. 그런데 뇌 활동에 필수적인 영양분인

포도당은 식후 12시간이 지나면 대부분 바닥난다고 합니다. 따라서 아침밥을 거르면 적당한 시기에 필요한 영양분이 뇌에 공급되지 못해서 뇌가 활발한 활동을 못하게 되는 것이지요. 그러다 점심을 먹게 되면 아침에 못 먹은 것까지 보충하려고 한꺼번에 많이 먹는 나쁜 습관이 생길 수 있답니다. 하지만 아침부터 음식을 잘 씹어 먹는 습관은 건강에도 좋을 뿐 아니라 두뇌활동까지 자극해서 활발한 두뇌활동이 가능해진답니다.

● 꼭꼭 잘 씹어먹기

씹는 행위는 턱관절을 움직여 스트레스를 해소시키고 뇌를 자극해서 두뇌를 계발하는 효과가 있어요. 뇌는 쉬지 않고 자극을 받으면 쉽게 늙지 않고 활동을 계속하게 되니까, 잘 씹어먹는 것도 정말 중요하겠죠?

● 여러 가지 맛을 느끼도록 미각 발달시키기

어려서부터 다양한 맛을 느껴 미각을 발달시키는 것이 뇌를 자극하고 발달시키는 방법이 된다고 해요. 또, 한 가지 맛에만 익숙해지면 새로운 맛을 접하는 것을 거부하게 되고, 그런 태도가 사회생활에도 그대로 이어지게 될 수 있거든요.

● 편식하지 않기

좋아하는 음식만 골라 먹는 편식은 영양의 불균형으로 이어지기 때문에 당연히 두뇌발달에도 좋지 않아요. 따라서 싫어하는 음식이라도 내가 좋아하는 음식과 함께 먹는 식으로 골고루 먹어야 해요.

● 인스턴트 식품 · 패스트푸드 안 먹기

햄버거, 피자, 라면, 핫도그, 치킨, 냉동 만두와 같은 가공 · 냉동 식품은 우리 몸에 필요한 무기질 중 하나인 아연을 없애는 역할을 한답니다. 아연은 우리의 뇌 기능을 활성화하는 필수 성분이기 때문에 없어서는 안될 성분인데 말이에요. 또한 패스트푸드의 불포화 지방산이 연소되는 과정에서 생기는 과산화지질도 뇌를 피로하게 만드는 물질이라는군요! 그러니 머리가 나빠지지 않기 위해서라도 패스트푸드나 인스턴트 식품은 되도록 먹지 않는 것이 좋겠어요.

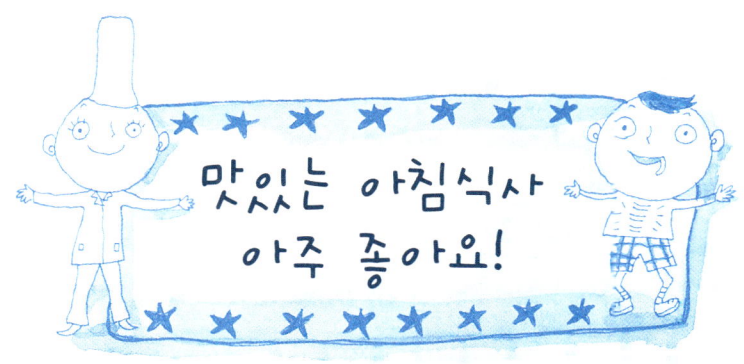

맛있는 아침식사
아주 좋아요!

맛있는 배추+무 김치

생선 구이

간장

멸치 볶음

멸치엔
칼슘이!

노란 호박전

김

콩 섞인
잡곡밥

된장국

난, 한 입에
30번씩은 씹어
줘요!

3장에서는 1장을 바탕으로 우등생이 되기 위해 직접적으로 학습에 도움이 되는 공부방법들에 대해 정리했어요.

어린이 여러분은 누구나 미래에는 어떤 사람이 되겠다, 어떤 일을 하겠다……하는 꿈을 가지고 있을 거예요. 여기 정리된 내용들에는 그러한 **여러분 한 사람 한 사람의 꿈을 이루어 나가는 데 도움이 되는 내용이 담겨 있어요.**

그런데 공부만 잘 하는 게 목표라고 이 장에 나오는 것들만 외우거나 따라한다고 해서 우등생이 되고 실력이 오른다고 장담할 수는 없어요. 왜냐하면 1장에 나오는 아침생활법의 좋은 점들을 바탕으로, 2장과 3장에 나오는 내용 중 나에게 맞는 방법을 선택해서 행동으로 옮겨야 하기 때문이에요.

따라서, 이 책에서 세 부분으로 나누어 차례로 정리된 내용 중 어느 한 장의 내용만으로는 여러분의 미래의 꿈을 가꾸기에 완전하지 않다는 것이지요. 즉 1, 2, 3장의 내용을 모두 읽고 자신의 것으로 받아들여 자신에게 맞게 실천하는 것이 가장 중요하답니다.

3장

꿈을 향해
날갯짓하는 이른 아침
(적용편)

우등생 학습법

01

아침 일찍 일어나는 생활습관으로 바꾸는 것만으로는 우등생이 될 수 없어요. 그럼 우등생이 되기 위해 어떻게 하면 효과적으로 공부를 할 수 있을지 생각해 볼까요? 공부를 잘 하고 싶은데도 노력한 만큼 성적이 오르지 않는 어린이는 다음과 같은 내용을 참고해서 공부하는 습관과 태도, 학습 방법, 환경 등의 원인을 찾아 보는 것이 중요합니다.

같이 알자구!

● 학습을 방해하는 심리적 · 환경적 요소를 파악하기

스스로 수업시간에 집중은 잘 하는지, 집중이 잘 안 된다면 이유는 무엇인지 따져 보아야 해요. 그렇지 않으면 보통때는 물론 시험 중에 열심히 공부해도 노력한 만큼 효과가 나지 않을 테니까요.

● 주의 집중력 및 학습 능력을 향상시키는 요령 익히기

자신의 학습 동기를 살피고, 하루, 일 주일, 한 달 또는 한 학기별로 계획을 꼼꼼하게 세워 실천하는 거예요. 각 과목을 골고루 공부할 수 있도록 시간 단위로 정해서 일 주일짜리 시간표를 짜는 것도 좋지만, 자신의 공부습관을 먼저 파악해서 자기에

게 맞는 시간 관리법을 활용한다면 더욱 좋겠지요.

● 효율적인 독서 및 공부 방법 찾기

* 책 한 쪽을 읽은 후 눈을 감고 그 내용을 기억해 본다.
* 읽은 내용을 상대방에게 설명한다는 생각으로 책을 읽는다.
* 내용을 전체적으로 이해하며 책을 반복해 읽는다.

그 중에서 자신에게 가장 맞는 방법을 찾아 반복하거나 모든 방법을 다 활용할 수도 있어요. 모든 학습의 기본은 내용이나 질문을 이해하는 것이에요. 암기위주의 학습에 비해 내용을 이해하는 학습은 시간이 지나도 효과가 이어지거든요.

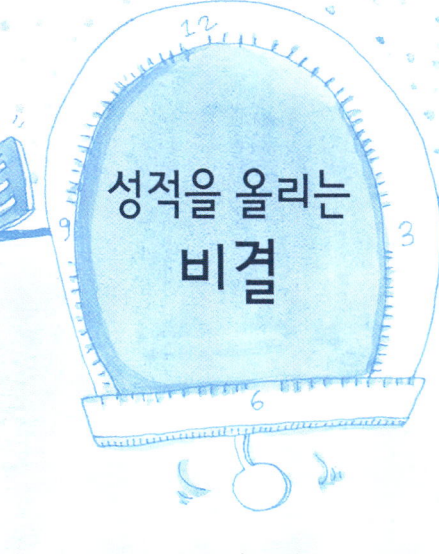

성적을 올리는
비결

1. 주의 집중을 잘 한다.
   선생님 말씀을 잘 듣고 중요한 부분은 눈에 띄게
   표기하여 노트 정리를 잘 한다.

2. 선생님의 수업 내용은 놓치지 않고 듣는다.
   중요하다고 일러 주시는 사항에는 빨간 연필로
   줄을 치고 노트에 적어서 암기한다.

3. 모르는 문제는 즉시 질문하거나 참고서 등을 뒤져
   반드시 답을 알아 둔다.

4. 수업에 흥미를 갖고, 교과서를 중심으로 공부한다.

5. 매일 예습, 복습을 철저히 한다.
   특히 학과가 끝나면 머릿속으로 그려가면서
   배운 내용을 기억한다.

스스로 공부 잘 하는 방법

02

화이팅!

'스스로' 공부란 '자기 주도적 학습'을 한다는 뜻입니다. 예전의 교육은 주로 선생님이 가르치고 어린이 학생들은 그것을 그대로 받아들여 암기하고 이해하는 것이었어요. 그러나 이제는 그러한 '주는 대로 받아 먹는' 학습은 경쟁력이 없답니다. 우리 어린이들이 수많은 과외학습을 받는 이유도 따지고 보면 남들과 똑같은 지식만으로는 우등생이 될 수 없다는 생각에서 비롯되었어요. 즉, 남보다 더 나은 지식을 더 많이 학습하려는 것이지요.

그렇지만 그 과정이 스스로 하는 학습이기보다는 부모님의 강요에 의해 억지로 이끌려 다니는 경우가 많다는 것이 문제예요. **왜 그것이 문제일까요?** 다른 사람에게 이끌려서 학습을 하게 되면 자율성이나 집중력이 높지 않은 경우가 많으니까요. 정말로 자신에게 필요한 것을 파악해서 그것을 보충하기 위해 이루어지는 학습이어야 적극적이고 자율적으로 집중력을 발휘할 수 있어요.

예를 들어, 내가 좋아해서 신나게 빠져드는 놀이에 참여하게 되면 시간 가는 줄도 모르게 되지요? 그것처럼 공부도, 어떤 과외학습도 스스로 원해서 필요한 것을 하게 되면 정말 열심히 적극적으로 할 수 있답니다. 그것이 바로 자기주도적 학습, 스스로 학습이 되는 것이지요.

그렇지만 내 스스로 알아서 하는 공부라고 해서 혼자 떨어져서 책만 파고들어야 한다는 뜻은 아니에요. 내게 필요한 학습을 하기 위해서는 선생님께 도움을 청할 수도 있고 친구들과 함께 공부하는 그룹을 만들어 서로 도움을 줄 수도 있어요.

이렇게 스스로 학습목표를 정하고 계획하고 실천하면서 지식과 경험을 쌓으면 어떤 낯선 상황이 닥쳐도 문제를 해결할 수 있는 응용력이 생겨나게 된답니다.

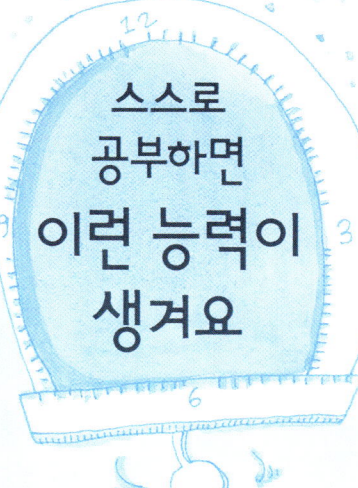

스스로 공부하면 이런 능력이 생겨요

1. 호기심을 개발하고 유지하는 능력이 생겨
   생각을 넓혀 나갈 수 있다.

2. 의문이 생긴 것을 다양한 방법으로 추리함으로써
   독자적인 해결 능력을 기른다.

3. 여러 가지 질문에 대답할 수 있는 창의적 사고
   능력이 생긴다.

4. 해답을 구하는 데 가장 적당한 자료를 찾아 낼 수 있다.

5. 한 가지 문제를 여러 가지 관점에서 바라보고
   해결하는 다양한 능력이 생긴다.

주변정리를 잘 하려면?

03

아침에 일찍 일어나는 생활습관으로 바꾸면 어떤 것이 좋은지, 아침에 할 일, 저녁에 할 일은 어떻게 구분해야 할지 알아 보았고 꿈을 이루기 위해 알아 두면 좋은 비결도 살펴 보았어요.

그러면 정말 우리 어린이들이 바라는 꿈이란 무엇일까요? 대부분, 현재로서는 공부를 잘 하게 되고 부지런한 생활습관을 익혀 미래에 훌륭한 사람이 되는 것이겠지요?

앞에서 이미 여러 번 아침에 일찍 일어나는 생활습관이 얼마나 중요한지, 그것이 왜 좋은지에 대해서는 이야기했으니 모두들 그렇게 부지런한 어린이가 되었다고 가정하 겠어요.

그러면 이제부터는 공부를 잘 해서 이왕이면 우등생이 되는 일에 도전해 볼까요?

그 첫 번째가 주변정리를 잘 하는 거예요.

초등학생이 된 다음부터 어린이 여러분은 대부분 자기 방은 자기가 정리정돈을 할 거예요. 그런데 주변정리를 하 는 것과 하지 않는 것이 우등생이 되는 것과 어떤 연관이 있느냐구요?

정리정돈이 잘 된 장소에 가면 왠 지 긴장이 되는 것을 느껴 본 적이 있나요? 먼지 하나라도 떨어지 면 금방 티가 날 것처럼 깔끔 한 친구 방에 들어서면 발 걸음을 옮기 기도 조심스러 웠던 경험 같은

거 말이에요. 그처럼 정리가 잘 된 곳에서는 어떤 일을 해도 집중이 잘 된답니다. 그러니 공부를 해도, 책 한 줄을 읽어도 머리에 쏙쏙 들어오게 되는 거지요.

반대로 온갖 잡동사니가 어지럽게 널린 곳에 들어가면 보는 사람도 괜히 정신이 하나도 없어지는 기분이 들어요. 연필 하나도 제자리에 없고, 책상 위에 양말짝이 올라와 있고 장난감들이 방안 여기저기 나뒹굴고 있는 건 상상만으로도 어지럽죠?

물론 어린이 여러분 대부분은 스스로 자기 방을 정리정돈하는 습관이 있을 거라고 생각해요. 하지만 지금까지 그렇지 못했던 어린이는 오늘 당장 공부하기 전에 방과 책상을 먼저 깔끔하게 정리해 보세요. 그러고 나면 정신이 맑아지고 마음도 뿌듯해지는 것을 느낄 수 있어요. 그 다음에 책상에 앉으면 아, 이 놀라운 집중력! 하고 감탄하게 될지도 몰라요.

여러분 중에 '난 왠지 공부가 잘 안 돼.' 하고 고민하는 친구가 있다면 슬쩍 내 방을 한 번 둘러보세요! 자, 무엇을 먼저 해야 할지 알겠죠?

정신집중 잘 되도록 공부방 정리하기

1. 책상 위에는 꼭 필요한 것만 올려놓는다. 서랍 속도 잘 정리!
2. 의자는 너무 딱딱하면 엉덩이가 아프고 허리도 불편하므로 푹신한 방석을 놓는다.
3. 방안 전체 조명은 약하게 하고 책상 위의 스탠드 조명은 강하게 한다.
4. 책상 옆의 벽에 작은 메모판을 걸어 놓고 학습 목표와 구체적인 계획을 적어 놓는다.
   한눈에 잘 볼 수 있으므로 계획적으로 공부하기 좋다.
5. 시계는 의자에 앉았을 때 눈에 가장 잘 띄는 장소에 둔다.
6. 푸른 숲이나 호수 풍경 그림은 기분을 가라앉힌다.
   존경하는 인물의 사진을 붙여 놓는 것도 마음을 다지는 데 좋다.
7. 책상에 앉을 때, 엉덩이가 등받이에 밀착되도록 의자 깊숙이 앉아 허리를 반듯하게 편다. 책은 눈으로부터 30cm정도 떨어진 위치에 놓는다.

우등생이 되려면 책을 많이 읽어라!

04

공부를 잘 하는 방법 중 또 하나가 뭔줄 아세요? 그건 바로 책을 많이 읽는 거예요.

"어휴, 학교에서 배우는 공부 때문에 보는 책도 많은데 무슨 책을 또 읽으라는 거예요?"

이런 푸념을 하는 어린이도 있을 거예요. 그런데 학교공부와 관련된 책 외에도 풍부한 독서를 하면 이해력과 문제 해결력이 좋아지기 때문에 책은 많이 읽는 것이 좋아요. 그렇다고 어른들이 보아야 할 책들을 보라는 것은 아니에요. 어린이 여러분의 나이에 맞게 단계별로 '권장도서목록'을 참고해서 가능한 한 많은 책을 읽는 것이 좋다는 말이에요.

사실 어른들은 시간이 없다, 바쁘다 라는 핑계로 한 달에 책 한 권도 못 읽는 경우가 많아요. 그런데 학교 공부하랴 과외 공부하랴 바쁜 어린이들에게는 책을 많이 읽으라고 이야기한다는 게 말이 안 된다고 생각될 수도 있어요. 그런데 이렇게 한 번 생각해 보세요.

어른들은 자신들이 어릴 때부터 책을 많이 읽지 않아서 어른이 된 뒤에도 후회를 많이 하고 있어요. 그래서 어린이들에게 나중에 후회하지 않도록 책을 많이 읽으라고 권하는 거예요.

어릴 때 못 읽은 책을 커서 읽는 일은 더 힘들어요. 가장 좋은 것은 그 나이에 맞는 책을 잘 선정해서 읽는 거예요. 나이보다 낮은 수준의 책을 읽는 것도 문제지만 너무 수준이 높은 책을 읽는 것도 문제예요. 그래서 '권장도서목록'이라는 게 있어요. 혼자 책을 고르기 어려우면 부모님이나 선생님, 언니 오빠와 의논하면 좋은 책을 선택할 수 있답니다.

그럼 책을 많이 읽으면 어떤 좋은 점이 있을까요?

책을 읽는 습관이 몸에 배면 저절로 공부하는 습관을 기를 수 있어요. 책은 글자로만 내용을 전달하는 인쇄매체예요. 그러니 그림이나 사진을 실제로 보여 주는 텔레비전이나 비디오와는 달리 글을 읽으며 모든 내용을 머릿속으로 상상하며 논리적으로 이해하는 과정이 반드시 필요해요.

따라서 책을 읽으면 논리력, 이해력, 상상력 등의 능력이 발달하므로 학습효과도 좋아진답니다.

학교 다니는 학생이니까 교과서나 참고

서만 읽으면 된다고 생각하는 사람도 있을지 모르지만 사실은 그렇지 않아요. 교과서 이외의 다양한 독서경험은 상식을 풍부하게 해 주거든요. 교과서 이외의 다양한 책을 많이 읽은 사람은 같은 질문을 받아도 훨씬 이해가 빠르고 답도 더 쉽게 생각해 낼 수 있답니다. 이렇게 책을 많이 읽는 습관은 공부습관까지도 자연스럽게 만들어 주니까 우등생이 되는 것도 시간 문제겠죠?

빨간 모자는 늑대와 꽃밭에서 한참을 놀았어요.

무엇이든 열심히 한다

05

"우히히히~ 너무 웃긴다. 이야~앗! 야호!"

"으악~! 말똥구리 형사 다리가 잘렸어! 범인이 도망가 잖아! 어휴~!"

텔레비전 앞에서 엎드려 숙제를 하던 두 형제가 입을 다 물지 못하고 있습니다.

"너희들 숙제를 하는 거니, 텔레비전을 보는 거니? 이따 가 검사해서 안 돼 있으면 알아서 해!"

어머니가 이렇게 엄포를 놓았습니다.

"아이 엄마~! 조금만 더 놀고 할게요. 조금만요……."

형이 이렇게 대답하자 동생이 조그맣게 말했습니다.

"형……, 나 하나도 못했는데, 어떡하지?"

"나도 그래……. 저거 조금만 더 보고 하자."

자, 두 형제는 숙제를 하는 중일까요, 텔레비전을 보는 중일까요? '무엇이든 열심히 한다'는 말은 '놀 때는 놀고 공부할 때는 공부한다'는 뜻입니다. 숙제는 해야 되는데

마침 재미있는 프로를 놓치기 싫어서 텔레비전 앞에서 숙제를 하려고 들면 어떻게 될까요?

숙제도 제대로 안 되고 엄마 눈치를 보느라고 텔레비전을 보면서도 마음이 편치 않을 거예요. 그래서 '놀 때는 놀고, 공부할 때는 공부만 하라'는 말이 있는 거예요. 즉, 숙제나 공부할 분량이 많아서 걱정이 되면 아예 놀기를 포기하거나, 아니면 일단 원하는 만큼 놀고 난 뒤에 숙제를 하면 되는 거예요. 말은 쉽다구요?

이 원칙은 어린이 여러분 누구나 알고 있어요. 그런데도 그 순간의 유혹을 이기지 못해서 둘 다 망치는 일이 벌어지곤 하는 거예요. 그래서 자기 자신을 이겨야 한다는 말도 이때 떠올려야 하는 거죠.

예를 들어, 할 일이 태산같이 밀려 있어도 친구가 놀자고 부르러 오면 무조건 달려 나가지만 노는 시간 내내 나

중에 집에 돌아가서 해야 할 일 때문에 걱정이 되어서 재미있는 줄도 모르게 될 거예요. 또 그렇다고 놀고 싶은 걸 억지로 참고 밀려 있는 일을 하자니 속이 상해서 제대로 집중도 되지 않는다면, 그 두 가지 모두 실패하는 것이 되고 말아요.

그럴 때는 어떻게 하는 게 더 현명하고 효율적일까요?

과감하게 지금 자신에게 더 중요한 일이 무엇인지 순서를 따져 보는 것이 좋아요. 그래서 결정이 되면 순서대로 열심히 최선을 다 하는 것이에요. 중요한 것은 무엇이 더 중요한가 잘 판단하는 것이랍니다.

다양한 경험을 쌓는 것도
공부만큼 중요하다!

06

"너 방학하면 뭐 할 거니?"

방학식을 앞두고 한 친구가 짝꿍에게 물었습니다.

"난 방학해도 아침부터 밤중까지 과외해야 돼!"

질문을 받은 친구는 이렇게 대답하며 얼굴이 시무룩해졌습니다.

"정말이야? 너무 안됐다. 나는 소년단에서 캠핑도 일 주일동안 갔다 올 거고, 시골 외갓집에도 다녀올 거야."

"좋겠다! 난 지금부터 많이 해 두지 않으면 나중에 대학 가기도 어렵다고 아무데도 못 가게 해."

"그래도 방학 동안이라도 좀 쉬어야 하는 거 아니니? 넌 학기 중에도 매일 여러 학원 다니느라 바빴잖아? 부모님께 부탁드려 봐. 우리 외갓집에 같이 갈 수도 있는데."

두 어린이의 대화에서 보았듯이, 방학 동안에도 학원에 다니느라 바쁜 어린이도 있고 그렇지 않은 경우도 많아요. 학교공부는 중요한 것이고 그것을 보충하기 위한 과외학습도 필요하지만 체험학습은 더욱 중요해요.

왜냐하면, 책을 많이 읽는 것만큼 책 이외의 다양한 경험들이 어린이들에게 보다 깊은 생각을 갖게 해 주기 때문이죠.

예를 들어, 봉사활동을 함으로써 다른 사람을 돕는 방법이나 다른 사람을 이해하는 법을 배울 뿐 아니라 남과 더불어 사는 삶의 중요성도 터득할 수 있으니까요.

그리고 전국을 여행하거나 해외여행을 하게 되면 자기가 사는 지역 이외의 사람들이 사는 모습을 통해 문화의 다양성을 배우게 되지요. 또 국토순례 같은 것은 땅을 직접 밟아봄으로써 조국에 대한 뜨거운 사랑을 느낄 수도 있답니다.

'그 시간이면 책을 한 줄이라도 더 보겠다'라고 생각하는 사람도 있을 거예요. 하지만 다양한 체험을 통해 얻어진 지식과 경험은 책을 100권 읽는 것보다 더 유익하고 값진 것들입니다.

한동안 '세상은 넓고 할 일은 많다'라는 말이 유행했던 적이 있었죠.

가끔씩 책상을 벗어나 창 밖으로, 나라 밖으로 눈을 돌리고 맨몸으로 부딪혀 느껴 알고 배우게 되는 것이 자신의 꿈을 이루는 데도 도움이 된답니다.

해미읍성에서

같이 가자!

어린이 여러분, 책 속의 지식은 머릿속에 남지만 몸으로
얻는 지식은 마음속에, 그리고 가슴속에 남아 우리 삶의
좋은 양분이 된다는 것을 잊지 마세요!

공부한 내용을
오래 기억하려면?

07

공부를 열심히 해도 하루만 지나면 다 까먹는다구요? 그럼, 자신이 수업시간에 얼마나 집중하는지 한 번 생각해 보세요. 우리들의 기억력은 대체 어느 정도일까요? 평균적으로는 공부한 지 20일이 지나면 기억한 내용의 80% 정도를 잊어 버리게 된다고 해요.

그렇지만 수업시간에 충분히 집중해서 공부하고 난 다음, 꼭 기억해 두어야 할 내용들을 1시간 안에 다시 반복해서 익히고, 잠자기 전에 마지막으로 한 번 더 들여다보는 식으로 기억을 반복하면 그 내용은 거의 잊어 버리지 않을 수 있답니다.

그 외에도 학습내용을 좀더 효과적으로 기억할 수 있는 방법들이 있어요.

● 그림 그리기

이 책의 첫 부분(오른쪽 뇌와 왼쪽 뇌는 하는 일이 어떻게 다를까?)에서도 이야기했듯이 사람의 두뇌는 좌우 두 개로 되어 있어요. 따라서 선생님이 설명하시는 학습내용도 단순히 언어와 논리적인 내용으로 이해하기보다는 그 내용을 머릿속에 그림으로 떠올리며 이해하면 기억이 훨씬 잘 된답니다.

예를 들어, 우리 나라의 지명을 외운다고 할 때, 무조건 그 이름을 외우려 들 것이 아니라 지도 위의 위치를 머릿속에 그려 가며 외우는 것이 훨씬 쉽습니다.

● 다양한 감각을 활용하기

한 마디로 기억해야 할 학습내용을 눈으로만 읽을 것이

아니라 소리내어 읽으면 눈으로 보는 시각, 귀로 듣는 청
각을 동시에 활용하므로 훨씬 기억이 잘 된답니다.

● 단서를 활용하기

기억을 잘 하는 비결 중 하나는 연상(聯想)입니다. 연상
이란, 어떤 사물을 보거나 듣거나 생각하거나 할 때, 그와
관련 있는 다른 사물(단서)이 머리에
떠오르는 일입니다. 예를 들면,
할머니가 홍시를 좋아하셨는데,
할머니가 안 계실 때도 홍시만
보면 할머니가 생각나는
것과 같은 원리로 특정
한 사물과 암기할 내
용을 연관짓는 거예
요.

● 이야기로 만들기

기억할 내용을 이야기나 노
래로 만드는 거예요. 즉, 원래 있는 동요에다가 가사만 바

꿔 넣어 노래처럼 부르다 보면 저절로 술술 외워진답니다.

● 꼭 필요한 것만 선택하기

쓸데없는 것까지 기억하려고 애쓸 것이 아니라, 꼭 필요한 내용을 선별해서 핵심내용만 기억하는 것이 좋습니다.

● 먼저 이해하기

기억해야 할 내용을 무조건 외우려 할 것이 아니라 먼저 논리적으로 이해하는 것이 중요해요. 그러면 훨씬 오래 기억할 수 있어요.

요약노트,
오답노트를 만든다

공부를 잘 하는 우등생을 향해 가는 또 하나의 방법!

바로 요약노트와 오답노트를 만드는 거예요. 먼저, 요약 노트가 뭔지는 알겠죠? 매일 학교에서 배운 내용을 떠올 리며 가장 중요한 내용들을 과목별로 노트를 만들어 정리 하는 거예요.

방과 후에 한꺼번에 하는 게 귀찮다면 학교 수업 시간이 끝나고 쉬는 시간 또는 점심시간에 그때까지 배운 과목별 로 요약을 하는 거죠. 말 그대로 요약이니까 모든 내용을 다 기록하려고 할 필요는 없어요. 그렇게 요약노트를 만들

1. 요약노트를 만들자.

다 보면 저절로 다시 반복학습이 되니까 기억법을 따로 연구할 필요도 없겠지요.

평소에 요약노트를 잘 만들어 두면 시험 기간이나 갑작스런 쪽지시험이 닥쳐도 걱정 없어요. 왜냐하면, 그동안 요약을 잘 해 두었으니 그것만 꼼꼼히 잘 읽어도 전체적인 학습내용을 되살리는 데 문제가 없으니까요!

다음으로 필요한 게 오답노트예요.

오답노트는 틀린 문제, 내가 잘 모르고 있는 부분에 대한 정답확인노트라고 할 수 있어요. 시험을 본 뒤 틀린 문제들을 되짚어 보면서 문제와 정답을 기록해 두면 기록하는 순간 새로 머릿속에 쏙 들어오게 되지요.

그리고 그렇게 한 번 틀린 문제의 정답과 틀린 이유를 확인해 두면 다시는 틀리지 않을 자신도 생긴답니다. 시험

2. 오답노트를 만들자.

이 끝난 후 점수에만 신경쓸 것이 아니라 틀린 문제에 대하여 무엇이 잘못이었는지를 확인해 두는 것이 훨씬 중요해요. 틀린 문제의 정답뿐 아니라, 몇 번씩 공부해도 자꾸만 헷갈리고 이해가 잘 되지 않아 자신 없는 학습내용들도 뽑아서 정리해 두어도 좋아요.

이렇게 만들어진 오답노트는 시험을 보기 전에 도움이 많이 된답니다. 짧은 시간에 얼른 훑어보아도 중요한 게 무엇인지 한 눈에 알아 볼 수 있으니까요.

이와 같이 요약노트나 오답노트를 만들 때는 색깔 있는 펜을 몇 가지 준비해서 중요한 내용에 대하여 분명하게 표시를 해 두는 거예요.

그리고 특히 잊지 말아야 할 것은, 요약노트이건 오답노트이건 간에, 너무 많은 내용을 적어 두려고 하면 안 된다는 거예요. 막상 요약을 하려고 보니 이 것도 중요하고 저것도 중요하다는 생각이 들겠지만, 그 중에서도 선생님이 특히 무엇을 강조하셨는지, 틀린 문제에서도 꼭 알아야 할 부분이 무엇인지 알아 내는 것이 무엇보다 중요하겠죠. 꼭 활용해 보세요!

자투리 시간, 백 배 활용하기

09

자투리 시간이란 '어떤 일을 시작하기 전에 기다리거나 준비하면서 보내는 시간'을 가리킵니다.

우리의 하루 일과 중에서 생겨나는 자투리 시간들에는, 등 · 하교시간, 수업과 수업 사이의 쉬는 시간, 점심 식사 후 남은 시간, 청소 시간, 버스나 전철을 기다리고 타고 가는 시간, 화장실에 있는 시간, 친구를 만나기 위해 기다리는 시간 등이 있지요.

자투리 시간을 잘 활용하려면 먼저 하루 동안의 자투리 시간을 정확히 파악한 다음, 그 시간을 효율적으로 사용할 계획을 세워야 합니다.

　남들과 똑같이 공부하는 시간 외에 자투리 시간을 얼마나 잘 활용하느냐에 따라 남보다 앞설 수 있어요. 그리고 자투리 시간을 효과적으로 활용하는 데도 원칙이 있어요. 자투리 시간 활용법은 우등생이 되는 아주 중요한 습관이랍니다.

● 언제 어디서나 암기가 필요한 과목에 활용하기

　영어 단어나 수학 공식, 그 외 과목의 암기할 내용들이 많이 있어요. 그런 것들을 자투리 시간을 이용해 외우는 것입니다. 버스를 타고 가면서 단어장을 보고 한두 개씩 외우는 것은 어렵지 않게 할 수 있어요.

● 수업 중간 쉬는 시간에 반복하는 시간으로 활용하기

　앞에서도 이야기했었죠. 한 번 배운 내용은 여러 번 되풀이해서 기억할수록 오래 남게 된다는 것. 늘 공부는 열심히 하는데 성적이 오르지 않아서 걱정인 어린이들은 이제부터는 바로 앞 시간에 배운 내용을 반복해 보세요. 좀 전에 배운 내용이니까 오랜 시간도 필요 없어요.

● 요점노트 · 오답노트와 책을 항상 가지고 다니기

항상 어디서나 시간이 날 때마다 펼쳐 볼 수 있도록 요점노트나 오답노트를 가지고 다니는 것이 좋겠지만, 그걸 잊었을 때는 책을 읽을 수 있도록 책도 항상 가지고 다니는 것이 좋아요.

● 아침에 일찍 일어나 머리가 맑은 시간을 활용하기

아침 일찍 일어나는 생활습관으로 바꾸고 나면 등교하기까지 시간 여유가 많이 생긴다고 했어요. 그 시간 중에 잠깐씩 예습을 할 수도 있겠지요. 아침 등교 전의 자투리 시간에 하는 예습에는 긴 시간이 필요 없어요. 오늘 배울 내용이 무엇인가 확인하는 것만으로도 충분하니까요.

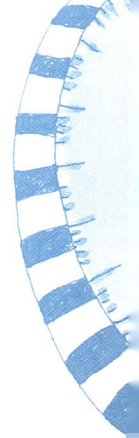

130

이처럼 하루일과를 자세히 살
펴보면 틀림없이 엄청난 자투
리 시간이 눈에 띌 거예요. 그런
데, 이렇게 귀중한 자투리 시간
을 활용하는 것이 중요한 줄 알면
서도 막상 실천하는 사람은
많지 않아요. 그러니
이제부터 자투리
시간을 제대로
활용하는 것이
몸에 배면 모두
틀림없이 우등생
이 되겠죠.

공부그룹을 만들어
협동학습을 한다

10

협동학습이란 일명 그룹 스터디라고 하는 거예요.

"무슨 소리야? 공부는 혼자 하는 거야! 여럿이 모이면 떠들기나 하지 무슨 공부가 된다고 그래?"

이런 어린이도 있을 거예요. 그렇지만 공부는 꼭 혼자 하는 게 효과적일까요?

물론 지금도 공부를 스스로 알아서 척척 하고 우등생이 된 친구들은 공부방법을 잘 알기 때문에 혼자서도 할 수 있을 거예요. 하지만 아직까지 공부습관이 몸에 배지 못한 친구들은 막상 혼자서 공부를 하려고 하면 대체 어디서부터 어떻게 시작해야 할지 몰라 막막한 경우도 분명 있을 거예요.

그리고 일단 계획을 잘 세웠다 해도 혼자 한 약속이다 보니 슬그머니 꾀를 부리고 먼저 놀고 난 뒤에 하지 하는 생각으로 하루 이틀 지나다 보면 모든 게 흐지부지 되어 버릴 수도 있어요.

그럴 때, 바로 혼자보다는 둘이, 아니면 서너 명의 친구들이 함께 모여 공부를 하게 되면 좋아요. 혼자서는 해결하기 어려웠던 문제를 함께 풀어 보면 다른 친구가 쉽게 설명을 해 줄 수도 있구요, 또 친구들은 아직 모르고 있던 새로운 정보나 사실들을 내가 알려 줄 수도 있어요. 그러니까 '협동학습'이 되는 거죠.

협동학습이란, '학습능력이 서로 다른 친구들이 어떤 문제를 해결하기 위해서 함께 노력하는 학습방법'이라고 할 수 있어요. 즉, 친구들이 함께 공부를 하게 되면 서로 부족한 부분을 채워 줌으로써 모두 함께 정답을 발견하게 되는 거죠.

이렇게 서로 도와 가며 공부를 하다 보면 친구들 사이의 우정, 적극적인 태도, 다른 사람에 대한 책임감 등이 더 강해지는 장점도 있어요.

서로 협력해서 문제를 해결하다 보면 더욱 공부에 자신감과 재미도 생길 거구요. 그렇게 되면 더 열심히 더 어려운 문제에도 도전하고 싶은 욕심이 생기니까 지식의 수준도 높아지고 마침내 함께 공부한 친구들 모두 우등생이 될 수밖에 없어요!

그렇다고 지금까지 혼자 잘 해 오던 어린이가 갑자기 친구들을 모아 함께 공부하려고 애쓸 필요는 없어요. 혼자서도 잘 된다면 그냥 계속 그렇게 하면 되는 거예요.

　아, 그리고 친구들과 함께 공부할 때 주의해야 할 점도 있어요. 친한 친구들끼리 모이다 보니 잘못하면 공부는 뒷전이고 함께 잡담하느라 아까운 시간만 보낼 수도 있으니까요. 그러니 모여서 공부를 할 때도 시간을 잘 정해서 공부시간과 휴식시간을 지키는 것이 좋겠죠?!

꿈을 이룰 수 있는 비결

11

공부를 잘 하고 규칙적인 생활습관을 갖기 위해서는 꾸준한 노력이 필요해요. 그것은 바로 꿈을 이루기 위한 노력이라고 할 수 있어요.

어린이 여러분 자신이 원하는 모습이 되기 위하여 노력하는 데도 비결이 있어요.

● 남과 경쟁하지 말고 자기 자신과 경쟁하기

앞에서도 말했듯이 자기 자신을 이기는 것이 중요해요. 게을러지려는 유혹에 넘어가지 말고 이겨 나가는 것이 그

첫 번째예요.

● 자기 자신을 믿고 스스로 격려하기

자기 자신의 능력을 믿는 것이에요. 나는 얼마든지 목표를 이룰 수 있다는 사실을 믿고 스스로에게 힘을 내도록 북돋워 주는 거죠.

● 장점과 단점을 바로 알기

사람에게는 누구나 장단점이 있어요. 장점은 더욱 살리고 단점 역시 인정하고 점차 고쳐나감으로써 장점으로 바꾸도록 합니다.

● 과거의 잘못을 인정하고 용서하기

일찍 일어나는 습관을 실천하다 보면 잘 되는 날도 있고 안 되는 날도 있어요. 공부를 할 때도 어느 때는 열심히 해서 성적이 오르는가 하면 아주 안 되는 때도 있구요.

하지만 무엇이든 잘 안 되고 힘들어서 포기하고 싶을 때 그것을 이겨 내기 위해서는 자신의 잘못을 인정하고 더 잘하도록 새로이 다짐을 하는 것이 중요해요.

● 자신의 성격, 외모, 가족
  등을 구실로 삼지 않기

'나는 뚱뚱해', '우리 부모님은
사이가 안 좋아', '나는 잠이 너무
많아서 공부도 잘 안 돼' 이런 모
든 것을 성적이 나쁘고 게으름을 피우
는 구실로 삼아서는 안 되겠어요. 안
좋은 환경에서도 열심히 공부해서 훌
륭한 어른이 된 경우도 많으니까요.

● 나는 지금 중대한
  계획에 중요한 임무를
  띠고 참여하고 있다고
  생각하기

즉, 책임의식을 가지라는 말이에요. 이 세상에 태어난
것도 어떤 사명이 있기 때문이라는 것을 잊지 말아야 합니
다. 세상에는 돌 하나 풀 한 포기도 의미 없는 존재는 없답
니다.

● 나는 반드시 성공한다고 믿기

나는 내가 바라는 미래의 모습이 되기 위해 하루하루를 노력하고 있으며, 반드시 그렇게 되리라는 것을 믿어야 합니다.

오늘 할 일을 내일로 미루지 않는다
–미래의 자기 모습을 그린다

12

1, 2, 3장에 걸쳐서 이제까지의 게으름을 벗고 아침 일찍 일어나 규칙적인 생활습관을 갖는 것이 왜 좋은지, 그리고 규칙적인 생활을 기본으로 해서 공부를 잘 하는 우등생이 되기 위해 알아야 할 몇 가지 비결들을 알아 보았어요.

아침 일찍 일어나는 것은 건강을 위해 중요하고, 공부방법을 제대로 아는 것은 우등생이 되고 미래의 자신의 꿈을 이루기 위해 필요한 것이랍니다. 그 모든 것을 이루기 위해서 하루하루의 계획을 잘 세우는 것만큼이나 중요한 것이 또 하나 있어요. 바로 오늘 할 일을 내일로 미루지 않는 것이에요.

'나는 아직 초등학생이고, 앞으로 살아갈 날은 너무 많아서 셀 수도 없어! 그러니 하루쯤 게으름 피운다고 크게 잘못될 것은 없잖아?!'

이런 생각을 한 번쯤 해 본 적이 없는 사람은 아마 없을 거예요. 그런데 **게으름을 피우는 하루하루가 모여 1년이 되고 평생이 된다는 사실을 잊어서는 안 되겠지요.**

아침에는 아침에 할 일이 있고 저녁에는 저녁에 할 일이 따로 있듯이 매일 똑같은 날이 되풀이되는 것처럼 보여도 오늘 할 일은 분명 꼭 오늘 해야 할 이유가 있답니다. 그것은 지금 당장은 알 수가 없지만 오랜 시간이 지난 후에야 깨닫게 되는 거예요.

당장 오늘 책 한 줄을 읽지 않는다고 해서 큰일이 나지는 않아요. 오늘 해야 할 운동을 하루쯤 걸렀다고 해서 건강에 문제가 생기는 것도 아니에요. 그렇지만, 그 하루하루가 쌓여 몇 년이 흐른 뒤, 어른이 되어 사회에 나갔을 때 어떤 사람은 성공한 사람으로 살아가기도 하고 어떤 사람은 계속 실패를 경험할 수도 있어요.

그러므로, 지금 현재 내게 주어진 일을 하고 안 하고는 어린이 여러분 마음이지만 여러분 자신이 꿈꾸는 미래의 모습을 이루기 바란다면 오늘 하루하루에 충실하고 최선을 다 해야 한다는 사실을 잊지 마세요.

그리고 이 책에서 말하는 모든 방법들을 잘 따라하는 데도 중요한 것은 '나는 해 낼 수 있다'는 자신감, 자기 자신을 믿는 것임을 기억하세요.

또 매일 잠들기 전, 오늘 하루도 흡족할 만큼 성실하게 지냈다면 항상 미래의 자신의 모습을 머릿속에 떠올리고 자신에게 주문을 거는 것도 잊지 마세요.

그러면 어린이 여러분 모두가 멋진 미래에, 자신이 원하는 꿈의 주인공이 될 수 있어요.

어린이 여러분 모두 화이팅!!

9살

...살   18살   23살